以不息为体
以日新为道

高中语文教师的教育修为

胡昌兰 著

西南师范大学出版社
国家一级出版社 全国百佳图书出版单位

图书在版编目(CIP)数据

以不息为体 以日新为道:高中语文教师的教育修为 / 胡昌兰著. — 重庆:西南师范大学出版社,2019.8
ISBN 978-7-5621-9944-1

Ⅰ.①以… Ⅱ.①胡… Ⅲ.①中学语文课－教师－修养－研究－高中 Ⅳ.①G633.302②G635.16

中国版本图书馆CIP数据核字(2019)第172935号

以不息为体 以日新为道——高中语文教师的教育修为
YI BUXI WEI TI YI RIXIN WEI DAO——GAOZHONG YUWEN JIAOSHI DE JIAOYU XIUWEI
胡昌兰 著

责任编辑:段小佳
责任校对:张昊越
装帧设计:观止堂_未氓
排　　版:重庆大雅数码印刷有限公司·张祥
出版发行:西南师范大学出版社
　　　　　地址:重庆市北碚区天生路2号
　　　　　邮编:400715　网址:http://www.xscbs.com
　　　　　市场营销部电话:(023)68868624
经　　销:新华书店
印　　刷:重庆市国丰印务有限责任公司
幅面尺寸:160mm×235mm
印　　张:11.25
字　　数:180千字
版　　次:2019年8月　第1版
印　　次:2019年8月　第1次印刷
书　　号:ISBN 978-7-5621-9944-1

定　　价:48.00元

序
"不息""日新",君子之道

顾 久

看到胡昌兰这本书稿的那一刻,我心中泛上"雏凤清声"这个成语,它源于李商隐的"桐花万里丹山路,雏凤清于老凤声"。这样说,是因为我曾经是她贵州师范大学的老师兼班主任。

中文系学生特别多,每个班一般都在大教室里黑压压坐满百十来号人,新教师很难不产生陌生感。而1988级刚分成两个小班,教室很袖珍又朝南向阳。第一次走上她们(2)班的讲台,阳光明媚,一眼扫去,感到少有的亲近和清朗,加之青春气息逼人,眼前心里,都很通透。

于是点名,一一将信息储入脑中。胡昌兰,个子不高,眼睛很亮,站得笔直,一口地道的贵州独山味的普通话——个子高矮,除了父母基因遗传,还应该是从农村来,营养不赡而担劳太早使然;亮眼神与正站姿,说明对生命态度积极且有较高自我期许和目标;独山味,说明她是独山人;坚持说着普通话——听说她是从中央民族大学附中考来的——或许从中学入学那一刻,就坚持至今? 以后的接触中,发现她字写得不错,有几分男孩子的刚劲和爽直;发现她热衷体育锻炼,参加校运动会都有名次;发现她学习刻苦而笃实……一来二去,临了毕业,她对我说:顾老师,一直想和你谈心,可总也没机会。我也遗憾但宽慰道:以后吧,还有大量的机会。又一来二去,我老了,她却迅速成长,成长为家庭的、学校的,乃至贵州教育的顶梁柱之一了……

　　本书名曰:《以不息为体,以日新为道》,"不息",是取《周易》乾卦象传的话"天行健,君子以自强不息";"日新",则是《礼记·引盘铭》"苟日新,日日新,又日新"。不知为什么,我从这个题目上看到的,还是胡昌兰亮晶晶的眼睛、咬着牙在跑道上的步态、教室里学与思的凝神……胡昌兰的成长过程与当代的学生因为时代背景、成长经历都有不同,教与学均会面临不同的"常态",所以有了本书的第一章;但无论如何,中华传统中的"敬"与"诚","勤"与"奋","严"与"慈"却不能丢弃,于是有本书的第二章;教学的三十年像一条长河,其中总有一朵朵引动人心的浪花,于是有了本书第三章;其实,一个好老师,不过是把自己的全部生命状态和所知所感,用外在的语言和内在的榜样,传递给她的孩子们,让满满的正能量长盛不衰,于是她写了第四章。

　　在阅读书稿之时,我还在网上查找学生对胡老师的评语。有一篇《都匀一中老师经典语录》,滑稽又传神:"胡昌兰老师:……通宵达旦(tōng xiāo dá da)……尴尬(gān gàn)……"(很标准勒——贵州话"的"读成"勒"。顾注——独山话!)独山口语中,一般把鼻音韵母说成一个鼻化的元音,像感冒鼻塞。读来,令人莞尔。还有一组叫"狂顶胡昌兰",七嘴八舌的:这边说:"她真勒猴——厉害(顾注)",四个字后面却用了24个感叹号;那边应:"那确实",又戳了12个感叹号;后面有异议:"想不到现在老胡的身价这么高啊,还有人专门顶哦,实际上老胡还是蛮好的,就是嘴巴多点,特别是在高三的时候喜欢吼我,有点着不住,不知道师弟师妹们有没有感觉到,还是现在有所改观啊?"紧接着就有义正辞严的反驳:"7楼的你自找,我也是她的学生,不过毕业了,她一般不会随便叫人写检查的";再后是一长段动情的自述:"胡老师是我的恩师! 我2000年就从一中毕业了,她当了我高中三年的班主任! 人真的很好! 虽然看她个子小小的,但是不知道怎么会有这么多能量! 当年我们班90来个人,上本科线的居然将近70个,胡老师真是厉害! 当年我高三最后一次摸底考试还是全班倒数第二名,在只有1个多月就要高考的情况下,是胡老师没有放弃我,对我鼓励!

最后我奇迹般地考上了本科,现在对周围同事说起来,每个人都认为是奇迹!!呵呵! 现今,当年的高一(1)班(一中当时唯一的文科班)的同学们大多事业小有建树了,每年过年过节大家都还是相约去看望胡老师,回想高中,真很感谢胡老师对我们的关心和爱护。呵呵,还记得1999年昆明世界博览会,胡老师就带着我们一帮毛孩子去了……那段回忆真的很美好!!胡老师! 祝你健康!"……读来,则令人感动。

记得陶行知先生表达过如下意思:教师塑造着值得自己尊重的学生,学生也塑造着值得自己尊重的教师,师生互相塑造着,成为这个民族值得尊重的人。学生与先生,后浪推前浪,生生不息,滔滔无限。

为了"生生"与"滔滔",胡昌兰将自己的修为与经验,用心地写成这本书。而我,很自豪地为她写下以上这几行字。

是为序。

写在前面的话
高中语文教师的教育修为

所谓"修为",是指一个人的修养、素质、道德、涵养、造诣等,属于个人软实力。"教育修为"就是教育者的修养、作为,以及所追求的境界。高中语文教师应有自己的学科修养与作为。

高中语文教学一方面有其自身的规律和理趣,有自身的常态,面对学科规律,语文教师必须"守正";另一方面,随着教育教学的一次次改革和课程改革的不断深入与推进,高中语文教学改革改到深处,必然是课堂改革,这意味着教育改革其实也进入了改革的深水区,前期改革遗留下来的问题也值得我们去消化,去调整。这其中同样可能产生阵痛,在"素质教育"喊了很多年,"核心素养"来提升的现行时期,其实在很多基层一线教学中依然是"应试教育"稳坐江山,表面欣欣向荣,其实是"走得太快","灵魂已经掉队"。这时候,但凡有情怀的灵魂导师同样渴望"减挡",慢下来思考其中的得与失,在低头拉车的同时,还得抬头看路,寻找教育的真正意义。从这个意义上说,我们高中语文教学同样面临着新的问题,"创新""协调""绿色""开放""共享"的五大发展理念同样是引领我们迈上新台阶的明灯。作为高中学生成长的陪伴者和引路人,高中语文教师得有自成一格的教育修为。

每一次教学改革都是自上而下,都有高层设计,都有专家学者的权威解读,而后会有许许多多不乏智慧的创见及异彩纷呈的实践和探索,但作为每一次变革的真正落实者，面对教学常态因变革而产生的非常态，我们基层的一线教师依然会困惑、会茫然，依然会切身体会到高层设计与一线教学短期内不能达成信息对称所带来的无助与焦虑。每当这时候，最可行、最有效的办法就是自救，就是运用自己的脑髓，放出自己的眼光，去思考、去观察、去总结、去反思、去践行，只有悟出作为一名合格的教师应有的修为，你才能面对喧嚣，在方寸之间，指挥若定，气定神闲。

那么，什么是高中语文教师应有的修为呢？作为一名高中语文教师，其存在的价值绝不仅仅是教给学生学科知识，还得力争做一名有理想信念、有道德情操、有扎实学识、有仁爱之心的"四有"好老师，并且争做教育改革的奋进者，教育扶贫的先行者，学生成长的引导者。高中学段的特殊性决定了作为陪伴学生成长的教师尤其是语文教师，得具有扎实的功底，才能引领和促进学生成长，让其人格伴随知识的增长逐渐健全起来。因为一个有追求的人，都会搭建一座人格庙堂，而当人格庙堂搭建起来之后，端坐中央的，一定是自我人格之神。高中是一个人自我意识由觉醒到成形的关键时期，作为人文气息最为深厚的高中语文教师理应做学生心灵的引路人，帮助学生搭建供奉自我人格之神的庙堂。作为引路人的语文老师，首先要有"立诚"之心，树精诚之举，且"以不息为体，以日新为道"，回归教育的本源，"以严导其行，以爱动其心"，这些是高中语文教师必备的思想修养和专业修养。在此基础上，还得有人文修养和学科探究功底。其次，面对一次次变革产生的新问题，语文教师除了守正，还得创新，面对笼罩在语文教学上空的迷雾，既要有"弱水三千，我只取一瓢饮"的自信，又要有回归自然生成的生态课堂理念，用教师的智慧去唤醒学生的心灵，用一朵云去推动另一朵云；用教师的匠心去帮助学生搭桥建路，让学生在教师搭建的脚手架上大胆攀缘，锐意创新，因为教师的功夫，就是学生的幸福。幸福着学生的幸福，这是教师最大的崇高感，而获得崇高感，是人生最大的奖赏！

有了这些修养和作为，我们的高中语文教学就是有温度、有情怀的教学相长。真正的教育是有理想、有境界的，高中语文教师的教育教学尤其如此,当你把课堂的舞台交给学生,你就会发现学生的精彩才是课堂的精彩;当一次次发自心灵深处的对话产生碰撞,当碰撞产生了火花,当火花照亮了前路,我们发现学生头上有了灵光,眼里有了泪光,身上有了翅膀……这时候,我们方可放言,我们没有跪着教书!也只有这样,我们的学生才能每天迎着朝阳,像一个真正的人一样,从容自信地行走于天地之间,饮生命的酒而醉!

这时候,我们发现,教育,实有天空可仰望,这其实就是我最大的教育梦想!

目录

第一章

高中语文教师的修养

　　"树忠诚之心，表真诚之意，行精诚之举，求务实之效"，这是我们语文教师的职业修养；左手严，右手爱，永不停息，日日创新，这是回归教育本质，化解职业危机的不二选择。

由"立诚最为贵"说开去

——兼论新形势下语文教师的素质培养

"立诚最为贵"是叶圣陶先生针对作文教学中求得学生人格、智慧和写作才能全面发展的素质目标而提出的一条训练思路,即在作文训练中,要求学生作文材料要真实、深厚;态度要诚恳、严肃;感情要"发挥性情的自然"。反对虚伪、浮夸,玩文字游戏。它的最终目标是把学生引向"生活充实的路"。叶老这些朴实的至理言语,为我们在作文教学中实施素质教育提供了一条最佳通道。以此为一个切口,纵观语文教学的每一个环节,作为把握这些教学环节的语文教师,面对今天喧嚣的语文教育,面对大力提倡素质教育的新形势,面对高中语文的新大纲、新教材,"立诚"首先应该成为语文教师最根本的职业素质,应该贯穿于教学的每个环节之中,唯其如此,才堪称人师,才有可能在自己的教学园地中培养出绚丽的花朵、甜美的果实。感于此,便有了下面的思考。

一、树忠诚之心

作为一名语文教师,在新形势下,对自己的职业一要"忠",二要"诚"。这里所说的新形势,一方面指语文教师(特别是生活在都市中的语文教师)

受到的来自市场经济的社会冲击，现代的都市人大多显得比较浮躁，都讲究轰动效应，能够静下心来读书、做学问的人越来越少。在这种情况下，我们能否守得住清贫，能否忠于三尺讲台去潜心钻研语文教学中出现的新问题，就成了一个考验。另一方面，近两年来，关于语文和语文教学引起了一场大讨论，各路人士对语文显示出了前所未有的热情和关注。于是，中肯的、不着边际的各种议论一齐冲向语文教育的领地，使得语文界出现了一个尤为喧嚣的局面，从"误尽苍生是语文"到"对语文要讨个说法"，使得我们不少同行陷入了"越教越不知道怎么教"的困惑之中，甚至有人干脆走下讲台，另谋生路，来了个"眼不见心不烦"。在这种情况下，作为亲临第一线的语文教师，我们能否沉得住气，能否诚恳地接纳这些鱼龙混杂的批评，又成为一个考验。这些考验，实际上就是对我们语文教师思想素质和心理素质的一次检阅。其实，不管人们怎样对语文指手画脚，我们始终要意识到：争论才会促进发展，碰撞才会产生火花，就算语文教学真的到了穷途末路，逃避始终是懦弱，而不是解决问题的方法，这时候需要的是有人去留守第一线，去摸索，去捕捉那些碰撞产生的"火花"，去用这些"火花"照亮我们的"前程"，去拨开笼罩在语文上空的那些迷雾，从而还我们语文教学一个真实的面目，有了忠实的探路者，还怕这世上没有路吗？而只要"世上有了路，就会有上路的人"。（余秋雨《文化苦旅》）况且，谁又会真的舍得下苦心经营了多年、倾注了无限情感的语文教学呢？所以，面对考验，我们首先要忠于职守，苦心探寻；其次要诚恳地接纳批评，留下中肯，舍弃偏见。只有具备这样的素质，我们的语文教育事业才会不败。

二、表真诚之意

在语文教学活动中，教师是主导，学生是主体。教师持何种态度去引导，引导的艺术如何，直接决定学生学的质量。在大力提倡素质教育的今天，语文教师的职责将不仅仅是教给学生课本知识，关键是引导学生将知识转化为能力,在传授知识的过程中教会学生做人和认识社会,以促进学生全面素质的提高。要培养高素质的学生,必须有高素质的教师,如何去提高教师的素质呢?关键还是"立诚","诚"在此表现为"真诚",即要真心诚意地去对待自己的教学对象。"己所不欲,勿施于人",自己都不甚相信、不甚了解的东西就不要强加给学生,不说一些不着边际的空话,这是一种必需的教学心态。在教学过程中,要用自己的真诚去感染学生,对学生要多给予真诚的鼓励、表扬和认可,避免那些言不由衷的讽刺和挖苦。因为,"如果一个孩子生活在批评之中,他就学会了谴责;如果一个孩子生活在鼓励之中,他就学会了自信;如果一个孩子生活在讽刺之中,他就学会了害羞;如果一个孩子生活在表扬之中,他就学会了感激;如果一个孩子生活在恐惧之中,他就学会了忧虑;如果一个孩子生活在认可之中,他就学会了自爱。"(《学习的革命》)一个在我们的真诚引导下成长起来的充满自信、学会感激、懂得自爱的学生,其人格就会伴随知识、智慧的增长而健全起来。而增长知识,健全人格,这恰好是我们语文素质教育追求的目标。

弗洛伊德曾经有言:"教育最可怕的是培养双重人格学生。"如果我们不想让自己的学生成为口是心非、表里不一的公民,那么,我们自己首先必须要表里如一,就必须学实"真"和"诚"。

三、行精诚之举

在中央电视台《实话实说》栏目的一次座谈中,崔永元曾这样来描绘素质教育的理想蓝图:"让森林里的每一只鸟儿都歌唱,让花园里的每一朵花儿都开放。"意思就是让每个学生都得到发展的空间。而现实生活中,我们往往会不自觉地只关注那些考分高的"优等生",而冷落了那些考分低的"差生",这种带有偏见的教学,其结果只会适得其反,永远实现不了"蓝图"。全国著名优秀班主任任小任也曾经说过:"没有教不会的学生,只有不会教的老师"。"差生"之所以"差",之所以不会学,在很大程度上就是因为教师不会教。因此，如果我们少一些埋怨，多一些研究，以爱去动其心，以严来导其行，认真分析这"笨鸟"是不是站错了枝头。这"不开的花"是不是养料不足，然后耐心地去引导"鸟儿"找准自己的"位置"，帮助"花儿"吸收养分，坚信"精诚所至，金石为开"。那么，我们的教鞭就不会赶跑"瓦特"，责骂声就不会赶跑"爱迪生"。况且，善待"差生"就是老师善待自己，当我们帮助这些"差生"找准了位置，找到了发展空间，我们就会跟着学生一起成功，至少借此机会培养了我们的耐性，磨炼了我们的意志。若能长此以往，又何愁哪一只鸟儿不歌唱，哪一朵花儿不开放呢！

四、求务实之效

高中语文新大纲、新教材的颁布和使用，使高中语文教学又出现了一些新课题。比如活动课、选修课怎样安排；文学作品如何赏析；提高语文素质是不是非要轰轰烈烈地开展活动；语文究竟是工具性的，还是人文性的；等等。这些问题使得我们不禁要问：语文教学到底是干什么的？如果我们第一线的语文教师也乐于给活生生的语文教学定性，都只忙于这些经典性的研究，那么，我们的语文教学，势必会迷失自己，走入"纸上谈兵"的误区。

其实，语文教学并不是非要定性不可的，语文教学中的素质教育，也决不仅仅是轰轰烈烈地搞活动，只要我们踏踏实实地去开展母语教育，使学生能够准确地使用祖国的语言文字，学会阅读并向写作迁移，也就抓住了语文教学的实质。在教学过程中，少玩花样，少搞空架子，多进行一些实实在在的字、词、句、篇的教学，只有这样，我们的语文教学才会落到实处，学生的能力和素质才会得到实实在在的提高。

综上所述，"立诚"是新时期语文教师的基本职业素质，它不仅体现在思想认识上，更应该体现在具体的教学实践中，只要我们形成这么一个共识，踏踏实实地沿着叶圣陶等老一辈教育家的足迹走下去，相信我们会迎来语文教学的又一个春天。

以不息为体，以日新为道①

——兼谈语文教师的职业安全

语文教师作为一种专门职业，在新的时期面临着新的考验，语文课堂潜伏着生存危机，语文教师必须以不息为体，以日新为道，发挥自己的教学智慧，才能让学生对语文课充满期待，从而赢得认可。使自己强大，这才是最大的职业安全。

一、不可忽视的职业危机

"教育工作应被视为专门职业"，这是早在 1966 年，国际劳工组织、联合国教科文组织联合推出的《关于教员地位的建议》一文中明确提出的。关于"专门职业"，美国教育研究者利伯曼曾做出过一个权威定义，他认为："专门职业"乃形式独特、内容明确的基本的社会服务，这一职业需要运用高度的理智性技术，需要长期的专业教育或专门训练。教师作为一种专门职业，它具有广泛的自主权，并对自己的判断和行为直接负责，是一种非营利、以服务为动机的职业，它是一种要求教员具备经过严格而持续不断的研究才能获得并维持专业知识及专门技能的公共服务，它要求教师对所辖

---

① 见刘锡禹《问大钧赋》，意思是：把永不停息作为本体，把日日创新作途径。

学生的教育和福利具有个人及共同的责任感。

　　教师，是一种专门职业，那么，语文教师就理所当然地成了专门从事语文教学这一职业的工作者。伴随着教师队伍专业化的进程，语文教师的职业地位及其社会定位也随着发生了变化，由原先"社会地位低下的匠人"，历经"知识的传播者""道德的感化者""殉道者"而演变为一种合理的"教育专业工作者"，于是语文教学，就是我们语文教师的职业，就是语文教师的"饭碗"。语文教师的专业工作在新的历史时期，即新的课程标准背景下，面临着"教什么"和"怎样教"的考验，传统的教学模式受到质疑、挑战，按照传统的教学理念构建起来的语文课堂逐渐走向瓦解，这些信息促使我们语文老师必须清醒地认识到：只有把自己的职业放到时代的洪流中去接受考验，与时俱进，改变传统的教学模式，变"为传授知识而教"为"为人的可持续发展而教"，只有让自己处于生长状态，才能胜任语文教师这一专门职业，换言之，新时期的语文老师没有"老本"可吃，没有"铁饭碗"可端。

　　作为一名第一线的语文教学工作者，放眼四望，纵观我们身边的语文教师及其教学，可谓喜忧参半，喜的是不乏探路者和精彩者，忧的是我们身边的语文教师（包括自己）及其语文课堂潜伏着令人焦虑的生存危机，这主要表现为：

　　第一，职业认可危机。语文教师不读书，专业厚度、广度不够、知识缺乏生长性。在我校2006届的一次高三月考中，有一名学生在其作文中出现了"孔明（诸葛亮）"的表述形式，另有一名学生在其咏叹"柳"的作文材料中，错引了"芦苇"的诗文作为论据。事后，在与这两名学生的交谈中问其原因，前者回答"我担心有些语文老师不知道孔明就是诸葛亮！"后者回答"没想到，竟然有老师熟悉这段引文。"……愕然，震惊之余，我在想：是什么使得我们自己所教的学生如此轻视、瞧不起我们语文教师？反思，内省后发现：恰恰是我们自己的日常表现，使得学生对自己的老师如此不信任。这是一个可悲的事实，它向我们语文教师敲响了警钟。学无止境，语文教师尤其要博览群书，争当"杂家"，才有资格在学生面前谈"一桶水"与"一瓢水"的关系。学,尚有不知;倘若不学,不读书,那就是"无知"。一个无知的人,怎能赢得学生的认可? "学高"方可"为师",一个长期不读书,不注重加强自身理论修养,不主动接受新理念的语文教师,就是一个"落伍者",就其专业的厚度,知识的广度而言,就是一个明显的"缺钙"者,这样的教师走进课堂,只能上演"以人昏昏,使人昭昭"的闹剧。随着教学对象的变化,现代思维的发展,语文教师更要关注自身知识的生长性,即知识的更新,这样才能赶上时代的步伐,才能在教学实践中求得自身的生长与发育。一个"发育"健全的老师,其课堂才能充满活力,否则,你就是一个"老朽",你的课堂就会被视为可有可无,就会有人认为语文,学与不学差不多,语文课耽误一个月也不会有问题。长此以往,语文课堂的生存,就真正成了问题。

第二,情感认可危机。语文教师有待于健全人格,增强自身人文素养。"亲其师"方能"信其道",石匠出身的苏格拉底从容接受被处死的命运,临死前第三次揭开盖在身体上的白布,只为了叮嘱自己的学生千万别忘了代自己偿还所欠下的鸡蛋钱。他以自己的行为诠释了自己的人格,从而赢得了他的学生永生不忘的爱戴和对其学识的认可。"学高为师,身正为范",生活在现代社会的语文教师,有多少人能漠视社会的浮躁而静心苦读,增长学识? 又有多少人能在急功近利、讲求实惠的现实面前不迷失自己而去修身养性? 于是,走上三尺讲台的教师失落了、急躁了、心乱了,教学语言中,怀才不遇、斤斤计较、消极颓废时有表现,对"功名"的热衷盖过了对真理的追求,对"虚名浮利"的追逐,盖过了严谨、踏实的治学,于是,不仅使自己的教学漏洞百出,而且使学生抬头仰望不到教师的人格庙堂,体会不到作为一个语文教师本该具有而没有具有的人文素养。长此以往,你叫学生如何与你"亲近",如何相信你的"布道"? 于是"疾其师,隐其学",语文教师及其所从事的语文教学不仅不能胜任承载学生增长学识,健全人格的重任,相反,会让学生心生鄙视,看轻了自己。到了这一步,哪里来的和谐课堂? 哪里来的职业安全?

二、不息为体,日新为道

　　"以不息为体,以日新为道",这是刘禹锡在《问大钧赋》里告诫我们的一句话,意思是把永不停息作为本体,把日日创新作为途径。面对语文教师的职业危机,"不降其志,不辱其身"①者,当以此作为自己的追求。作为一个把语文教学当成毕生事业来经营的老师。理当永不停息地读书学习以提高自己的专业素养,永不停息地提升自己的人格魅力。叶澜在《新世纪教师专业素养初探》一文中明确指出:"当今社会赋予未来教师更多的责任和权利,未来教师的专业素养在知识结构上也不同于今日教师。"因此,未来教师要具有与时代精神相通的教育理念,并以此作为自己的教育行为的理性支点。而要想达到这些要求,要想胜任新时期的语文教学,语文老师除了不断学习,别无选择,因为只有在学习中才能进步,才能与学生一道成长。从这一点上说:"以不息为体",当是新时期语文教师必备的思想基础。

　　所谓"以日新为道",是指新时期的语文教师,在"以不息为体"的基础上,在最大限度地获取丰富知识的层面上,努力将自己所驾驭的语文课堂教学做到无可替代、无与伦比、独一无二,有个性、有新意。只有以"日新为道",语文课堂的生存问题才能得到解决,否则,千篇一律的语文课堂就将演绎成"老北京的叙说",就将失去生机,就将被取代。同样是45分钟的一节语文课,教师有没有"创新"意识,课上得有没有新意,直接决定学生对语文课有没有"期待",因为时间是个绝对数,但加入了情感的时间就变成了相对数。学生对教师的语文课有了情感期待,那么,同样是45分钟的一节课,相对而言,学生就会感到时间过得很快,从而对语文课充满依恋。反之,常常出现学生掰着手指头、盯着钟表等下课的情形,而这两种情态之下的语文教学效果,自然是大不相同的。那么,怎样才能让学生对自己的课充满情感期待呢? 我认为首要的问题是解决"教是为了学",还是"学是为了教"的问题,传统的语文大多是"学为了教",学生的学习大多是配合教师

---

① 见《论语·微子》,意思是:不降低自己的志气,不辱没自己的身份。

的"教"，所以教师总是要花很大的力气，引诱学生向自己的分析，自己的"答案"靠拢。而新的课程标准明确指出：课堂教学要以学生为主体，教师为主导。教师在课堂上的作用和地位由"主宰者"变成了"点拨者"，这并不意味着教师可有可无，相反，教师的角色地位更重要了，对教师的要求也更高了。这意味着：每一个语文教师必须利用自己的教学机智、教学幽默，调动自己的教学智慧，潜移默化地、有效地驾驭课堂，语文课堂是教师智慧展现的舞台，教师智慧的表现过程就是语文课堂的生存过程，当然这种教学智慧缘于教师的底气，教师的知识结构，以及教师对学生的了解，教师的个性、人格，等等。教师只有凭借自己的教学智慧，才能"滞者导以使达，蒙者开之使明"①，因为"教学之法，本于人性，磨揉迁革，使趋于善"②，教师有了教学智慧，才能"日日以新"，才能根据学生的不同情况，随时对教学目标进行调整，机智地引导学生去发现问题，针对学生的问题进行目标的调整，根据学生得到的结论来调整自己的教学，灵活地创设便于学生沉浸和体验的教学环境，动态地引导学生"感悟"，学生对语文课有了感情，而且能在课堂上通过老师的"点拨"，"悟"出生活的精彩，人生的真相，这样的语文课就是永葆生机的语文课，就能对学生的生存和生命产生积极影响，从而为他们的幸福人生奠基。这样的语文教学就是一项充满生机活力的神圣的职业活动。

自身强大了，谁还能动摇自己的地位？谁还能抢了自己的"饭碗"？因此，强大，就是最大的职业安全，有了职业安全，语文教师才能维护自己的尊严，才能"不跪着教书"。

---

① 见欧阳修《夫子罕言利命仁论》，意思是：思想阻滞的，要引导他，使他通达；思想蒙昧的，要启发他，使他明白。

② 见欧阳修《吉州学记》，意思是：教学方法，是依据人的本性，磨炼他，顺服他，引导他，改变他，使他走向正道。

"功崇惟志,业广惟勤"①,让我们携起手来,以"不息为体,日新为道",正视职业危机的存在,"博学而笃志,切问而近思"②,努力"做第一等人,干第一等事,说第一等语,抱第一等识"③,将语文教师的职业打造成"第一等"的伟业。

参考文献:

1. 叶澜:《新世纪教师专业素养初探》,《教育研究与实验》1998年第1期.

2.《普通高中语文课程标准(实验)》.北京:人民教育出版社,2018.

3. 沈龙明著:《中小学课堂教学艺术》.北京:高等教育出版社,2004.

4. 吴非著:《不跪着教书》.上海:华东师范大学出版社,2004.

---

① 见《尚书·周官》,意思是:功绩伟大是由于有志向,事业成功是由于勤奋工作。

② 见《论语·子张》,意思是:广泛地学习而且坚定自己的志向,多问自己关切的问题,而且思考当前的事情。

③ 见[明]吕坤《续小儿语》,意思是:要做第一流的人,干第一流的事业,说第一流的话,怀抱第一流的见识。

以爱动其心，以严导其行

——浅谈班主任工作与素质教育

为了创造适合学生成长，全面提高学生综合素质的教育环境，班主任必须坚持"以爱动其心，以严导其行"的工作理念，促使学生的人格伴随着知识智慧的增长而不断健全。

大力提倡素质教育，全面提高教学质量，这是当今教育的一个新形势，它对我们教育工作者，特别是班主任工作提出了新的要求。首先要求我们必须转变教育观念，提高对素质教育的认识，弄清什么是素质教育，素质教育的目的是什么，以此作为基础去实施素质教育并在教育过程中讲究教育手段的科学性，唯其如此，才能将素质教育落到实处。

学校素质教育是以提高学生整体素质为目的教育，即通过学校教育，让学生学会做人、学会求知、学会健体、学会处事、学会生存。它是一种面向全体，全面发展的教育，具有全面性和基础性，因此教育工作者不应该仅仅是"伯乐"，只盯住"千里马"，而应该是"园丁"，努力浇灌，让花园里的每一朵花儿都开放。这一角色的转变带来教育思想的转变，即从挑选适合教育的学生，转变为创造适合学生成长的教育。能否创造适合学生成长的教育，关键在于班主任的工作理念，因为班主任工作是学校教育工作的核心，班主任是组织实施素质教育的主要力量。作为一名班主任，为了创造适合学生成长,全面提高学生综合素质的教育环境,在多年的班级工作中,我始终坚持贯彻"以爱动其心,以严导其行"的教育原则,努力建立一种民主、平等、和谐的新型师生关系,在自然、融洽的氛围中去引导学生学会求知,学会做人。多年来收到了良好的效果,也从中有了一些认识。

一、增强亲和力,以爱动其心

作为一名班主任,要真正管好一个班集体,真正让每一名班级成员都能在自己的引导下获得综合素质的提高,首要问题是要充满爱心,爱整个集体,爱这一集体中的每一个成员,用自己的爱去启迪学生的心智,去拨动学生的思想火花。那么怎样去爱学生呢? 我认为应该分两步走。

第一步,研究学生心理,根据学生需要,进行班主任的角色定位,努力赢得学生认可,做一名受学生欢迎的班主任。我曾经与2000届文科班的部分学生就"你见过哪些类型的班主任""你喜欢什么样的班主任"这个问题进行过交流。在交谈中,他们把见过的班主任划分为如下几种类型:①保姆型,工作任劳任怨,事事躬行,这种班主任,学生认为很可怜,但绝不佩服;②警察型,不苟言笑,简单粗暴,学生采取的态度是表面畏惧老实,内心忌恨、疏远;③保姆加警察型,既任劳任怨又特别严厉。学生完全失去个性,被动地服从管教;④放任型,其特征是放任自己,从而放任学生,没有责任感,做事没有原则,这样的老师培养出来的学生大多也缺乏责任感。以上四种类型的班主任都不是让学生心悦诚服的班主任。要做一名受学生欢迎的班主任,必须具备以下三个条件:①做情感型的老师,对事业、对生活、对学生充满爱心;②做科学型的老师,有教育科学思想,能用科学的教育手段,科学地对待学生中出现的各种问题;③做艺术型的老师,对学生中出现的各种棘手问题能有艺术地处理。可见,学生所欢迎的是集情感、科学、艺术为一身的班主任老师。了解了学生的需要,将这些需要经过综合整理,不断内化出一套切合班级实际的管理方案,这是当好班主任的第一步,在这个从学生中来,到学生中去的内化过程中,其实包含了一个"上所施,下所效"的教育内容,营造了一种民主、平等的氛围,让学生生活在被认可之中,无形中也就激发了学生参与班级管理的积极性和自信心。

第二,爱学生,就要将每一个学生当成自己的孩子来爱。事无巨细,大到思想动态,小到生活细节,努力让每一个班级成员感受到集体的温暖、老师的关爱,而这种关爱首先是真诚地对待每一个学生,多鼓励,多从学生身上找闪光点,避免那些言由不衷的讽刺和挖苦,因为"如果一个孩子生活在批评之中,他就学会了谴责;如果一个孩子生活在鼓励之中,他就学会了自信;如果一个孩子生活在讽刺之中,他就学会了害羞;如果一个孩子生活在表扬之中,他就学会了感激;如果一个孩子生活在恐惧之中,他就学会了忧虑;如果一个孩子生活在认可之中,他就学会了自爱"。(《学习的革命》)一个在我们的真诚关爱下成长起来的充满自信,学会感激,懂得自爱的学生,其人格就会伴随知识、智慧的增长而健全起来,而增长知识、健全人格这恰好是素质教育追求的目标。同时这种关爱必须面向全体,不能忽视任何一个学生,尤其是那些学习成绩不好,反应不够灵敏,自身有着这样那样不足的所谓"差生",我们更不能歧视、讽刺、挖苦。因为差生也有自尊,在一定程度上,他们更渴望得到关爱和认可。对这一部分学生的关爱,除了生活、学习上给予鼓励外,还得帮助他们找出自身的优势,寸有所长、尺有所短,帮助他们分析落后的原因,挖掘潜力,找出特长加以发挥,让他们在其他领域体会到成功的喜悦。长此以往,又何愁哪一只鸟儿不歌唱,哪一朵花儿不开放呢?而"让森林里的每一只鸟儿都歌唱,让花园里的每一朵花儿都开放",又恰好是崔永元在"实话实说"中所表达的素质教育追求的目标。班级里的每一个学生都得到真诚的关爱,这在无形中也就增强了班主任的亲和力和班级的凝聚力,于是一种和谐自然、轻松自如的班级氛围也就产生了。让学生在这样一种氛围中接受教育,教育的效果是可以预见的。

二、讲究科学，以严导其行

充满爱心，这是做好班主任工作的基础，但如果只有"爱"没有严格的要求，就容易导致纵容和迁就，我们的教育园地就会杂草丛生，我们的学生就会缺乏规范意识。所以给予学生关爱要讲究"施爱艺术"，要爱得恰当，爱而有度。让学生从爱中体会到"严"，又从"严"中体会到爱，这样的爱才是科学的。现在的学生，大多是独生子女，在日常生活中，来自父母、祖辈的爱是很浓厚的，但由于过分地迁就和娇宠，这些爱往往夹杂着许多不科学的成分，经常在爱中忽视了原则和尺度，这就是溺爱，溺爱的结果就是让孩子在爱的漩涡中沦为弱者。教育工作者给予学生的爱必须着眼于学生的发展，而不是一味地迎合和迁就，面对学习生活中的一些原则问题，面对班级在民主商议中产生出来的各项规章制度，必须严格遵守，认真执行。要让学生在严格的管理制度中体会到教师的苦心。比如为了营造良好的学习氛围，禁止在教室里吃早餐，这是必须严格执行的，早上体育锻炼必须坚持，若有违反，肯定是要严肃处理的，但处理过后一定要动之以情，晓之以理。如果确实有困难，一定要亲自帮助解决，让学生从中体会到老师的"严厉"是为了学生的发展。用"严"来引导学生的行动，目的是让学生学会自我约束，培养规范意识，懂得各种规矩，成"方圆"，成为合乎社会要求的人才。总之，对学生智力因素和非智力因素的教育培养，离不开严格的要求，只有严明纪律，严守制度，严于自律的人，才会成为对社会有用的人，而培养对社会有用的接班人，这难道是素质教育可以忽视的吗？

其实，从字源角度来理解"教育"二字，会给我们班主任工作带来启示。"教"在篆文中的写法是"𡥈"，分解这一字形，我们会发现一个有趣的内涵蕴藏其中，"爻"是八卦中的阴、阳，具有很高的权威性，"孑"代表一个青少年，"𡥈"即青少年头顶八卦。"攵"表示手拿着一根棍子。这两部分组合在一起。即手上拿着棍子强迫青少年掌握一种行为规范。这其中就指明了教育离不开严格要求。"育"在篆文中的写法是"育"，"𠫓"是一个头朝下的婴儿。"月"表示母腹，"育"就是在母腹中孕育子女。这就告诉我们培养学生也要像母亲孕育孩子那样精力培育、小心呵护。所以在班主任工作中，我们只有把"爱"与"严"结合起来，"育"在前，"教"在"育"中，才能达到"养子使从善也"的目的，才能创造适合学生成长的环境，才能使学生从心里乐于接受我们的教育并且付诸行动，做到言行一致，这是学生学会做人的起码素质，弗洛伊德曾经说过"教育最可怕的是培养双重人格的学生"，如果我们能始终坚持"以爱动其心，以严导其行"的教育原则，就会避免这种失败，就会在素质教育的园地中迎来一个春色满园的春天。

无用之用，乃为大用

——语文老师要读点"无用之书"

"中国老师最大的缺陷就是读书太少了"，北京四中刘长铭校长如是说。乍听之下，我们身边有很多人不服气：老师天天与书本打交道，怎么还说读书太少了呢？显然这里所说的书分为两种：一种是"有用之书"，即抱着某种目的去读的书，这些"有用"之书能在短期内指导我们的日常生活，能够帮助我们晋升或获取某种谋生技能，跟钱、权与名利有关，读它可以帮你升学、谋生、获得利益。另一种是"无用"之书，就是那些表面上对我们来说没有直接功用，但是能把我们整个人生提升一个级别，使我们变成自己生命中一道美丽好景的书，即能养心的书。

对于读书和读什么书，一直有很多争议。"读书无用论"是某些人或某些群体在评价社会现象时，因为目标与现实之间存在差距，自我难以理解或难以改变，而对读书所持有的一系列否定态度和观点，中国人有一种奇怪的思维，只要一个人读了书暂时过得不如身边不读书的人好，他们就会说读书无用，还有一群人因为读书赚不到钱，没读书却赚到钱，以此来证明读书无用。这是一个思维误区，更是反映了当下人们要读有用之书的普遍心态。

其实，"有用""无用"是相对的，而不是绝对的。放远了看，"无用"之用,乃为"大用",这出自《庄子·人间世》,说的是庄子与弟子走到一座山脚下,看见一株大树,枝繁叶茂,耸立在大溪旁,特别显眼。但见这树:其粗百尺,其高数千丈,直指云霄;其树冠宽如巨伞,能遮蔽十几亩地。庄子忍不住问伐木者:"请问师傅,如此好的大木材,怎么一直无人砍伐?以至独独长了几千年?"伐木者不屑一顾,说:"这何足为奇?此树是一种不中用的木材,用来作舟船,则沉于水;用来作棺材,则很快腐烂;用来作器具,则容易毁坏;用来作门窗,则脂液不干;用来作柱子,则易受虫蚀,此乃不成材之木。不材之木也,无所可用,故能有如此之寿。"听了此话,庄子对弟子说:"此树因不材而得以终其天年,岂不是无用之用,无为而于己有为?"弟子恍然大悟,点头不已。庄子又说:"树无用,不求有为而免遭斤斧,树不成材,方可免祸……人皆知有用之用,却不知无用之用也。"庄子想借这棵树的故事向弟子阐明"无为之为"的道理,我们也可以从中感悟到:有些东西,看着无用,其实却可以颐养天性,可以在"乱世"中求得内心的安然。

一个人的专业成长基本得益于读书,语文老师尤其如此。就读书而言,一类是"有用"的书,包括教科书、参考书、教辅资料等专业用书,它能帮助教师掌握教学内容,获得教学技能,提高考试成绩等,大多数老师以这些为宝,不断重复"昨天的故事",对于初上讲台的年轻老师而言,这类书是有必要读的,但如果一直只读这些书,我们的语文教学之路就会越走越窄,甚至走向古板僵化,走向枯燥乏味。长此以往,面对社会对教育期待的日益提高,这样的老师将很难站稳讲台。正如特级教师窦桂梅老师所说:"我们的讲述可能是流利的,但是就事论事,是平面化的,是浅薄的;我们的答疑解惑可能是耐心细致的,但缺少更深意义上的关怀和考量;我们的声音可能更多地来自喉咙,而不是发自内心;我们的目光柔和,但缺少深邃和睿智。这一切都因为我们缺少应有的知识底蕴和文化视野。"

要增强语文教师的知识底蕴,拓宽语文教师的文化视野,就得读些"无用"的书。

首先,语文教师要读人文经典。

　　工具性与人文性的统一是语文课程的基本特点，语文老师除了引导学生正确使用祖国语言文字这个交际工具，还得对学生进行人文教育，引领学生的精神提升。钱理群教授说："语文教学的实质就是给学生一生打下一个精神的底子。"而给学生打下"精神底子"的人文教育不是单靠教和练，而是在教师的熏陶和感染下，在潜移默化中完成的。教师要给学生以人文熏陶和感染，就得读人文经典。

　　人文经典是经过时间沉淀和筛选出来的，是人类文化宝库中的不朽之作，适合中学语文教师阅读的人文经典很多，中外文学名著、诸子学说、唐诗宋词元曲、现当代优秀的文学作家作品……这些书文质兼美，它不仅可以滋养心灵，温润生命，涵养底蕴，还可以提高教师语言表达能力，促使教师的内心变得温暖、丰富、细腻、鲜活。

　　得到人文经典滋养的语文教师，其温文儒雅的气韵，声情并茂的谈吐，会悄然拨动学生的情感心弦，会引起学生共鸣和反响，会润畅无声地浸润着学生的精神世界，也会让课堂充满诗情画意！

　　我的很多学生特别怀念与崇拜他们的初中语文教师，只因为他们的语文老师可以脱口背诵《长恨歌》和《春江花月夜》！

　　其次，语文教师要读百科全书。

　　语文是一门通识课程，课程标准指出：应拓宽语文学习和运用的领域，注重跨学科的运用，使学生在不同内容和方法的相互交叉、渗透和整合中开阔视野，所以语文教师要树立"大语文"观念，不断拓宽自己的知识视野。

　　苏霍姆林斯基说："只有当教师的知识视野比教学大纲宽泛得无可比拟的时候，教师才能成为教育过程中的真正能手、艺术家和诗人。"要不断拓宽教师的知识视野，就要像特级教师贾志敏老师说的那样：一个称职的语文教师应该是半个作家、半个评论家、半个心理学家、半个历史学家……总之，是个杂家。李镇西老师甚至说："只要老师脑子里真的有学问，那么他无论怎么教，甚至哪怕他'满堂灌'，都叫'素质教育'，都叫'新课改'。旁征博引、信手拈来、雄视古今、联通中外……这样的课不但吸引学生，而且能震撼学生的心灵,开拓学生的视野,激发他们的思考与创造！如果老师肚子里空空荡荡,只会根据教参备课上课,课堂上必然捉襟见肘。"

基层的一线语文教师,虽说教学任务很重,课外阅读时间基本靠挤,但如果能够见缝插针,每天抽出一定的时间来博览群书,假以时日,我们的语文教学必将进入一个全新的境界,从而底气十足地带领学生徜徉于知识的海洋之中。

此外,语文老师还要读一点哲学书籍。

世界纷繁复杂,社会现象光怪陆离,语文老师怎样带领学生去认识这样的世界？读一点哲学书籍,或许能够帮助我们认识许多事情的实质,哲学使人明智、通达,很多时候,能帮助我们拨云见日,穿透表象接近本质的往往是哲学,因此,生活中做一个智慧的人,需要哲学;课堂上做一个智慧的老师,需要哲学;对文学作品做具有个性的智慧解读,都需要我们语文教师去读一些哲学书籍。

腹有诗书气自华,愿我们的语文教师多读"无用"之书,争做"有用"之师！

孙犁文学作品与女性关系渊源初探

　　大凡关心孙犁文学的人，都会发现这样一个特点，即：孙犁文学世界中女性形象甚多，写得很细腻、最富艺术光彩。纵观孙犁的创作，他总是把大部分篇幅献给了妇女：从小说《荷花淀》中的水生媳妇，《风云初记》中的秋分、春儿，《光荣》中的秀梅，《山地回忆》中的妞儿到散文《访问》中诚挚的大娘，《红棉袄》里热情的少女，《张秋阁》中坚强的张秋阁，《齐满花》中勤劳的齐满花等等众多的女性形象，她们在孙犁笔下，似同而非同，孙犁既鲜明地写了她们的纯洁和善良，勇敢和坚强，又用光亮的色泽显示了她们性格上的差异，使这些女性形象出现多姿多彩的特色。在描绘这些女性形象时，孙犁"用的多是彩笔，热情地把她们推向阳光照射之下，春风吹拂之中"。（孙犁：《关于〈山地回忆〉的回忆》）孙犁正是用他那纤丽的笔触和细腻的情调，在寥寥数笔之中，就能叫一个个鲜明可爱的形象在我们眼前站立起来，以此达到形神兼备的效果。

　　我们知道，在文学创作中，任何作家都有自己特定的题材范围、形象系列和艺术视角，这与作家的经历、气质、世界观有关，同时更与作家的美学趣味相关联。基于此，本文将从时代、文学传统的影响和孙犁自身的经历、气质、性格及抒情小说特殊的形象选择视角等方面进行研究，企望找出孙犁文学与女性之间的某种契机，从而解决以上提出的一系列问题。

一、时代的感召

　　孙犁是一位抗日战争时期出现在解放区的重要作家,当他步入文坛的时候,中国人民正投入抗击日寇的民族解放斗争之中。这是一个灾难深重的年代,又是一个激动人心的时代,这样的时代需要"歌手",于是一批有志文学青年便投身到了时代的激流之中,他们以笔代枪,揭露侵略,又以笔代口,歌颂抗战。在这些时代"歌手"之中,孙犁便是其中之一员。面对日本强盗的侵略,年轻的孙犁毅然改变了投考邮政的志愿,选定了以"反映现实生活并推动现实生活前进"(克明:《一个作家的足迹——孙犁创作生活片断》)的文学事业作为自己的事业。现实中农民们的爱国激情、参战的英勇深深地感动了他,激起了他创作的激情。这种激情又多数倾注在农村妇女,尤其是农村青年妇女的形象塑造之中,究其原因,一方面妇女们在抗战中的出色表现和作者的女性观念有关,一方面是在为那些得到了精神上的自由和解放的妇女们欢喜。孙犁曾在其《文集自序》中说过:"我最喜欢我写的抗日小说,因为它们是时代、个人的完美真实的结合,我的这一组作品,是对时代和故乡人民的赞歌,我喜欢写欢乐的东西。我认为女人比男人更乐观,而人生的悲欢离合总是与她们有关,所以常常以崇拜的心情写到她们。"孙犁还说:"至于那些青年妇女,我已经屡次声言,她们在抗日战争年代,所表现的识大体、乐观主义以及献身精神,使我衷心敬佩到五体投地的程度。"(孙犁:《关于〈荷花淀〉的写作》)。基于这样的女性观念,孙犁便用他那只"彩笔"从这些女性身上找到了"美的极致",并给以全力讴歌。那送夫归队唯恐不速的妻子(《嘱咐》),那在乱石山中,突然开出的"一朵红花""一片彩云"(《吴召儿》),都是美的极致。这些"极致"正是代表了众多女性在抗战中的出色表现。

　　"美永远是有内容的、有根据的、有思想的。"(吴欢章:《孙犁的散文美》),孙犁作品中的美,首先来源于生活美。正是生活中那些普通的农村妇女,她们在抗日战争到解放战争的十几年里,妻子送走丈夫,母亲送走儿子,她们担负起养家度日和教养孩子的责任。在敌人疯狂"扫荡"的年月,年轻妇女们携儿抱女、扶持公婆在风霜雨露里逃难；在饥馑的年月里，她们组织互助生产、度过饥荒；她们机杼不停，怀念着远方征战的亲人；她们抬担架、做军鞋、看护伤员、隐藏战士；她们在敌人汉奸面前宁死不屈……由于这些美的行动和心灵，使得那些孙犁笔下的女性形象是如此的鲜明、感人。孙犁一面歌颂创造"美"的农村女性，歌颂她们为抗战做出的识大体的牺牲精神，一方面又在为妇女们的新生解放欢喜。"因为在中国，几千年来，妇女们的苦难更深重；在今天，她们的新生解放就更值得欢喜、表扬和拥护。"（孙犁：《新文学和新中国妇女》）孙犁指出："八路军来了，共产党来了，把人民的特别是妇女的旧道路铲平，把新道路在她们的眼前铺好了。"关于这个问题，冉淮舟在《美的颂歌——孙犁作品学习笔记》一文还说："她们在旧社会里，都是微不足道的，特别是那些年长的，差不多都有一段艰辛的经历，一段含泪的过去，但是，时代变了，人类悲剧的时代逐渐成为过去，人类喜剧的时代已经开始了，时代赋予了她们的力量，时代打开了套在她们脖子上的枷锁。新的生活，给了她们新的生命；新的思想，使她们更英勇的战斗和劳动，争取社会和自身更彻底的解放。"于是，这些得到了新生解放的妇女犹如飞鸟出笼，显示了自由豪迈的气概，她们挣脱了旧时代所加予的重荷，向着广阔幸福的天地飞翔，在这些解放了的妇女身上，强烈地反映出中国妇女的崇高灵魂和必胜信念。孙犁是一位热爱生活、追求自由进步的"时代歌手"，面对妇女们的解放，他欢欣鼓舞，这致使他笔下的那些女性总是那样的乐观开朗，显示出青春的活力和生活的无穷乐趣。

文学是对社会生活的形象反映，孙犁作品所反映的社会时代是一个振奋人心的时代，在这样的时代里妇女们得到了精神上的解放和自由，于是她们便格外的活跃，表现出了识大体、乐观主义及献身精神的高贵品质，创造了"美的极致"，孙犁应时代的感召，为之欢喜，为之敬佩得五体投地。于是，作为"歌手"的作者就吟唱了一曲曲颂歌，就表现出了对女性的极大兴趣，就着力去刻画这些女性形象。时代的生活特色决定了孙犁的文学特色，孙犁因此便和女性结下了一层不解的机缘。

二、文学传统的继承和熏陶

任何时代任何作家的文学创作总是在继承和学习前人创作经验的基础上进行和发展的,总是与一定的文学传统相关联。孙犁的文学创作同样如此,他作品中女性形象居多的特色,是因为继承了一定的文学传统。在我国文学史上,对女性心理的刻画和女性形象的描绘有着久远的历史。《诗经》中有怨妇的哀怨(如《氓》),有对征夫的思念(如《君子于役》);乐府民歌中有刘兰芝的冤屈和反抗(《孔雀东南飞》),有乔装代父从军的女英雄花木兰(《木兰诗》);此外,还有《长恨歌》中恃宠而骄的杨贵妃,《红楼梦》中那众多的媳妇、小姐、丫头,直到近现代的鲁迅等作家的作品,他们对女性形象的刻画与描写,形成了一条异彩纷呈的女性画廊。这对后来的作家创作,不仅提供了创作的素材,而且提供了创作的经验,它吸引着大批作家投入到这一创作行列中,孙犁就是在这种文学传统的熏陶下进行创作的。他曾经说过:"一个人爱好什么,大概他就接近什么。"又说:"在描写妇女方面,我们的文学传统也给了我一些影响,近代文学中,很多作家关怀妇女的命运,致力于她们的形象的创造……"(吕剑:《孙犁会见记》)可见,文学传统的影响,是我们探索孙犁文学与女性关系渊源的又一途径。这其中曹雪芹和鲁迅对孙犁的影响尤其大。他曾说过他喜观这两位作家,而且他曾在利用空隙时间写成的《文学短论》中,花了一定的篇幅来论述和研究中国与外国的古典作家、革命作家的文章,其中对鲁迅先生的思想和作品,对曹雪芹的《红楼梦》都发表了系统而深刻的见解。

曹雪芹的《红楼梦》以其内容的丰富和艺术技巧的圆熟在我国文学史上留下了不朽的一页。书中那众多的人物形象,尤其是女性形象给人们留下了难以忘却的印象。从贾母到王夫人到王熙凤再到众多的小姐、丫头,乃至尼姑等,这众多的女性形象鲜明生动、活灵活现,极大地丰富了我国文学的女性画廊。曹雪芹不愧为描摹女子"心性"的巨匠。孙犁的创作正是在这一"巨匠"的影响和熏陶下进行的。童年时代的孙犁,最早读的小说就是从《封神演义》和《红楼梦》开始的，"当孙犁从一个叫刘四喜的乡邻手中借来《金玉缘》（即《红楼梦》）的时候，他简直被这部伟大的现实主义作品迷住了。尽管他有不少不认得的字，也还不完全理解书中描写的生活，但作品那生动的语言，却使他手不释卷，隔二片三地一气读了下去，一边读着，书中各种命运的女子的形象，竟一个个地在他眼前活了起来。他被作品中美的形象深深地吸引着，'这部书为什么有这么大的力量？那些年轻的女孩子们为什么都那么不幸'……孙犁的小心眼里思索着"（克明：《一个作家的足迹——孙犁创作生活片断》）。从那时起，孙犁就特别喜欢上了《红楼梦》，他甚至能背诵其中的若干片断。《红楼梦》中不仅是那些女子的命运吸引了孙犁，而且关于这些女子的生动细腻的描写也吸引了他。他十分欣赏曹雪芹那种三言两语便使一个形象活现的手法。于是，孙犁师法《红楼梦》，在塑造人物形象时，就格外注重细节的刻画。在《荷花淀》中，当写到水生嫂由于听到丈夫即将出发到大部队而产生的心里波动时，是这样写的："女人的手指震动了一下，想是叫苇眉子划破了手，她把一个手指放在嘴里吮了一下。"这样短短的三句话，却淋漓尽致地写出了水生嫂的意外心理。深受《红楼梦》的影响和熏陶，孙犁笔下的那些女子也是那么鲜明、生动，就像活的一样。此外，孙犁还曾在《谈铁凝的〈哦，香雪〉》一文中说过："我确实相信曹雪芹的话：女孩子们的心中，埋藏着人类原始的多种美德。"孙犁为了反映解放区人民的美德，选取了众多的女性作为其作品中的主人公，借此表现解放区人民的人情美和道德美。他笔下的女性多是一些善良、纯朴、勤劳、坚强的农村妇女，而这些妇女身上蕴藏的品格，又正是几千年来人们共同歌颂的美德。孙犁就是在这些女性身上，通过他那支细致的笔，挖掘出了人类的多种美德。由此可见，《红楼梦》对孙犁的影响是多方面的，不仅影响到其形象选择的视角，而且影响到他塑造人物的技巧、角度。鲁迅对孙犁的影响，早在孙犁的学生时代便开始了。好学的孙犁，当他在《申报·自由谈》专栏里，读到署名"何家干"的杂文时，他一读就知道是他最敬爱的作家和长者鲁迅先生的文章。"他把小说放在旁边，立刻聚精会神地阅读起这些报刊。他的面庞浮满幸福和兴奋的红晕,眼睛也亮了起来。"(克明:《一个作家的足迹——孙犁创作生活片断》),从这时候起,孙犁便特别崇拜鲁迅,他认为:"鲁迅是抱着崇高的目的写作的,在鲁迅无论哪一篇小说或散文里,都可以看到他崇高的志愿,也可以看到人民的真实生活。"(克明《一个作家的足迹——孙犁创作生活片断》)基于这份崇拜,孙犁便自然而然地受到了鲁迅的影响。这首先表现在孙犁继承了鲁迅的现实主义传统,鲁迅总是用他那支"投枪"式的笔去反映生活,干预生活,揭露黑暗,疗治病态,而那些生活在底层的,特别是那些受到双重束缚的妇女便成了鲁迅笔下的常客。因为"在任何社会中,妇女解放的程度是衡量着普遍解放的天然尺度"(恩格斯:《反杜林论》),因此妇女问题,就成为研究社会改革的人们普遍关心的重大课题,成为许多文学家着力描写的对象。鲁迅是一个关心社会改革的作家,他在许多作品中或直接(如《祝福》中的祥林嫂)或间接(如《药》中的华大妈)地展示了一些妇女形象,这些形象以其鲜明的特征给读者留下了深刻的印象。孙犁继承了鲁迅这种关心现实的传统,极力从妇女形象的刻画之中反映生活,鲁迅和孙犁都是关心现实的作家,只是由于他与鲁迅所处的时代不同,因而反映的角度也不同罢了,鲁迅是借妇女形象的塑造来揭露黑暗,抨击罪恶,而孙犁是借众多的女性形象来反映解放区的新生活,反映新的"美",尽管如此,我们仍可从中看出鲁迅对孙犁的深刻影响。

由此可知,文学传统的影响是关系到作家创作特色的重要因素。孙犁的创作特色也是在一定的文学传统的影响和熏陶下形成的,如果说时代因素是孙犁这一特色得以产生的一个外在条件的话,那么文学传统的继承和熏陶则是一种内在的因素。

三、阴柔的文人气质和性格

我国古代著名的文论家刘勰曾经指出:文学作品的风格,特色肇自作家"血气"、作家"傲诞""气褊""偑傥"。则文章常常"理侈辞溢""言壮情骇""响逸调运";而"沉寂""雅懿""矜重"的作家,文章则往往"志隐味深""裁密思靡""情繁辞隐"(刘勰《文心雕龙·体性》),意思是说作家的生理个性是融入作家的艺术个体的,或者说艺术个体有作家的生理基因。这为我们探讨孙犁文学与女性关系的渊源提供了一个突破口。孙犁曾说过:"我自幼年,体弱多病,表现在性格方面,优柔寡断。"(参见《文集自序》)"缺乏扬厉的姿态"(《〈普阁室纪年〉序》),"我的胆子不是那么大……"(《文学和生活的路》),这种性格使他对女性有一种自然而然的趋近。从《文学和生活的路》中我们还了解到,孙犁"幼年胆怯",中年浸病,晚年赢弱,20世纪五六十年代遭逢大病,20世纪六七十年代遭逢大劫,这几乎使他辍笔二十年。而不幸之中的万幸是他在文学生涯上干干净净度过了那些多事之秋,不受时代的"左"的污泥浊水沾染。如果仅从体质病弱一个因素,这种"不幸之幸"则属偶然,但在孙犁,那"不幸之幸"其实是体质与气质的"整合",就不是偶然而是必然了。罹病与罹祸成就了他审察历史与现实,反思人生与自身的哲人态度,深化了他原有的文人气质,孙犁作为一个文弱书生,其"气"不近刚而近柔。因此阎纲在《孙犁的艺术》一文中称孙犁是新的婉约派、阴柔派。孙犁的这种阴柔气质和性格表现在他为文不尚威武,不擂劲鼓,而侧重于从容的谈笑和隽永的柔情。而这"隽永的柔情"往往寄托在那些宜于表现的一系列女性形象身上。孙犁笔下的女性,很少有所谓"高""大""全"的传奇式的英雄形象。大都是些普通的农村妇女,她们富于劳动人民的人情味又具有美好的革命情操,她们不讲什么豪言壮语,却又有着美好的心灵。作为女性,她们温柔贤淑,灵巧细致,显示了女性特有的阴柔之美。为了表现这种美,孙犁在形式上总是表现出行云流水般的和谐、柔媚、秀雅,给人以温柔、轻松、心旷神怡的感受。比如在《荷花淀》中,当水生说他第一个报名到大部队时女人低着头说:"你总是很积极的。"

水生说:"他们全觉得你还开明一些。"

女人过了一会儿才说:"你走,我才不拦你,家里怎么办?!"

……

女人鼻子有些发酸,但她并没有哭,只说:"你明白家里的难处就好了。"

当水生嘱咐她:"不要叫敌人汉奸捉活的,捉住了要和他们拼命"时,女人流着眼泪答应了他。

几句朴素自然的对话,把一个普通农村妇女丰富的心灵美,复杂的性格美揭示得淋漓尽致。从中我可以看出:水生嫂不是一个单一的性格符号,她是一个有血有肉、生机盎然、富有中国文化传统性格的女人。她在深明大义支持丈夫抗日的同时,表现了一些阴柔性格的因素,如留恋丈夫,深知生活的艰难,有点怨艾等,这种静美的描写给人一种素雅的,心神怡悦的感受。孙犁作品中这些温柔贤淑而又识大体的女性形象很多,他在描绘的同时融进了自己的阴柔气质,使这些女性在玉碎香消的刚烈果决之中,又添了一分藕断丝连的缠缠绵绵。于是,一个个真实、丰满,犹如活现一般的女性便站立于我们眼前了。孙犁羸弱的体质使他形成了一种阴柔的气质和性格。再加上他那纯熟的创作技巧。他作品中的女性便如此光亮,如此传神。这在不经意之中却应了刘勰的断言:作家的"血气"是刚是柔对他的文学风格和特色有着深刻潜在的影响。也中了曹丕的说法,"作家之气之清浊,不可力强而致",都会体现在文章里面,真正的作者都是"寄自翰墨"的。(曹丕:《典论·论文》)孙犁的翰墨乃孙犁身之所寄。阴柔的文人气质和性格是形成孙犁作品中女性形象偏多这一特色的又一渊源。无怪有人称孙犁的创作犹如"梨花带雨"。

四、特殊经历的情感反照

在孙犁的一生中,他经历了许许多多的人和事,但几乎在每段经历中都有着一段与女性的交往,这一特殊的经历使孙犁文学与女性之间无形中又添了一份机缘。

孙犁从小在母亲的呵护下长大,因此母亲对他的影响尤其深刻。其次是他的妻子，他曾自述过母亲、妻子对形成他的文学语言的决定性影响：
"我的语言，像吸吮乳汁一样，最早得自母亲，母亲的语言，对我的文学创作
影响最大，母亲的故去，我的语言的乳汁几乎断绝。其次是我童年结发的
妻子，她的语言，是我的第二个语言源泉。"（孙犁：《文集自序》）孙犁的性格
使得他与女性之间有一种自然而然的趋近，但由于内心的矜持，孙犁对女
性的描绘寓主观情感于客观叙写，很少有直抒胸臆的，到了晚年，他才稍稍
让自己内心某些与女性有关的情感体验，有限度地发诸笔端。包括他对结
发妻子那缠绵的回忆，也包括他从青年到晚年与一些异性的交往。在《保
定旧事的书信》中，孙犁叙及了他早年在保定上高中时与一位叫"王淑"的
女学生的情谊；《戏的续梦》中他又提到他在延安时对一位女同志产生了爱
慕之情并终于形成了痛苦的结果；《书信》中又写到七十年代初期他与一位
"尚未见面的近似虚无飘缈的异性表露内心"的通信，一日一封或两封，后
因变故，那订成五册的书信被他焚之一炬，但他说："自从'文化大革命'开
始，断绝了写作的机会，从与她通讯，才又开始了我的文学生活，这是可以
纪念的。这些信，训练了我久已放下的笔，使我后来能够写文章时，手和脑
并没有完全生疏、迟钝。这也可以说是失之东隅，收之桑榆吧。"（孙犁《写
信》）此外，孙犁在早期及晚期的一些小说、散文中还写到了在抗日战争环
境里，在病期生活中，在"文革"劫难之际，邂逅的，使他难忘的一系列女性
的形象。"文化大革命"期间，孙犁被隔离，经常有外调人员找他，其中两位
女同志的文静态度和善良心地给他留下了深刻印象。后来他无限感慨地
谈及这件事："深深有感于人与人关系的恶劣变化，所以即使遇到一个歌舞
演员的宽厚，也就像在沙漠跋涉中，遇到一处清泉，在恶梦缠绕时，听到一
声鸡唱。感激之情，就非同一般了。"（孙犁：《晚华集·删去的文字》）孙犁优
柔寡断的情感性格加上他与女性的一系列交往，致使他对女性有着一种至
深的感情，有着一条无形的却是极难挣脱的红线。于是他的作品更多是从
女性的身上撷取素材，挖掘内涵，以此便形成了他文学创作中的一大特色，
更引人注意的是孙犁在一些作品中塑造的女性形象，就是他在生活中真实

遇到的人。例如《藏》这篇小说中的主人公锡花，就是孙犁当年到蠡县的刘村工作时，迎接他的那位年轻的女党支部委员。而大家熟悉的《荷花淀》中的水生嫂，其生活中的原型便是孙犁那贤惠、端庄、温柔多情的妻子。

　　文学是社会生活的反映，而那些由作者亲身经历且付之以情的生活及人物就尤其容易成为作者反映的对象。孙犁与女性间的一系列交往，无疑对孙犁产生了极大的影响。从他发出的感慨中我们可以看出：这些经历触动了他的内心情感，使他在思想上与女性之间有一种自然而然的趋近，而且我们甚至可以这样推测——与女性的接触和交流成了孙犁文学创作的一种内趋力。因为一方面这些女性成了他生活的一部分且给他以很大的影响；另一方面这些女性一次又一次地促进了他的创作欲望。因为在他经历中的女性总是那样的温柔贤淑，静雅，哪怕是在人情淡漠的"文革"期间，这些女性仍如一束火光，温暖了他的心，使他不由地发出感慨，禁不住要用笔来叙写她们。因此，孙犁那么着力写女性，可以说是他特殊经历中的一种情感反照。于是，孙犁文学与女性之间，便有了一种源泉，一种契机。

五、抒情小说独特的形象选择视角

　　中国现代抒情小说又叫"诗体小说"，是一种以小说为本，明显地引入诗歌、散文因素而成的一种新型小说体。它诞生于"五四"以后，源于鲁迅，中经郁达夫、废名、沈从文、孙犁、茹志鹃等人的发展，步步走上了创作的繁荣，它以表现人的情感美、道德美为主要职责，具有鲜明的艺术意境，弥漫着较浓郁的浪漫主义氛围，其艺术轴心偏重于人的情感、情绪的抒发。抒情小说为了传达人的情感美和道德美的内容，它有着自己特定的形象选择和艺术视角。首先它把形象选择的侧重点放在女性身上，侧重于从女性身上探索美的极致。大部分抒情小说的主人公多是一些温柔美丽、纯真善良的女性形象，如郁达夫《春风沉醉的晚上》中纯洁善良，真诚的陈二妹，废名《竹林的故事》中的三姑娘，沈从文《边城》中的翠翠，孙犁《亡人逸事》中贤惠能干的妻子……这些足以构成长长的女性形象系列。为什么中国现代抒情小说那么倾心于女性形象的塑造呢？究其原因，其一，这与作家对人生理想的追求相一致，一方面，在苦难深重的年代，女性往往承担着最大的牺牲，她们的心灵就显得更为光彩夺目。孙犁说："为了解放斗争，她们情愿献出自己最心爱的人：丈夫、儿子、情人，献出她们全部的爱。"（吕剑：《孙犁会见记》）另一方面，在女性的性格中体现了"心灵与自然的统一"；其二，在美学上人们历来就注意到了文学作品中阳刚美与阴柔美的区别。中国现代抒情小说所表现的人生主题，题材以及表现方式的特殊性，大都表现出清新、秀丽、柔和格调和在这优美的风格上表现出阴柔美的特征。由于"女性天性中的柔和之情"和"女子特有的秀美"更易于显示人情美和道德美，更适应抒情小说的美学风格，因此，抒情小说家们才那样倾心于女性形象的塑造。

　　孙犁是四十年代抒情小说的重要作家，他的小说以诗的意境、情趣和表现方式成为抒情小说创作中的一朵奇葩。抗日战争爆发后，抒情小说的创作在孙犁笔下获得了新的生命活力。他从解放区的新天地里获得创作素材，把在被革新了的社会关系中生活的人物的美丽灵魂收入笔底。他醉心于用诗一样的笔调写小说，以其清新、秀丽的格调，独树一帜。以后来收入《白洋淀纪事》中的小说为标志，孙犁将抒情小说的发展推到了一个崭新的阶段。作为一个抒情小说家，孙犁在妇女形象的描绘上，几乎倾注了他的全部热情。他的多数小说，是礼赞新的历史条件下的农村风貌，农民的觉醒意识，民族尊严意识所表现出的人情、人性美。而这种人性、人性美又大多体现在孙犁多次声言的"识大体、乐观主义和献身精神"的妇女身上，因此这些女性也变成了孙犁作品礼赞的对象。他笔下的农村妇女形象系列，是一条长长的、熠熠生辉的画廊。从《光荣》里的秀梅到《铁木前传》中的九儿，从《荷花淀》中的水生媳妇到《风云初记》中的秋分，从《吴召儿》中的吴召儿到《山地回忆》中的妞儿，无不写得那样闪光，"像金子一样坚硬，像水一样明澈"。（严家复等主编《中国现代文学史》），更为可贵的是：孙犁是从准确把握这些青年妇女的不同心性的基点上去挖掘,再现美好的人性和人性的光彩的。水生媳妇和妞儿,一个温柔细腻,恬静内向;一个则锋芒毕露,甚至有点尖刻、凌厉。然而在这样强烈的性格反差之中,孙犁写出了农村青年妇女爽朗热情、肝胆照人、诚挚朴实的人性人情美。孙犁把这些年轻妇女的品格与情操,推到春风吹拂之中,阳光照耀之下加以强调、渲染,因此其激情总是那样溢光流彩,扣动读者心弦。此外,中国现代抒情小说力求抓住生命之气贯注其中的美的生活现象,写出它的"极致",抒情小说家热爱生活,执着人生,总是追求这种"美的极致",力求以情感人,以美动人,总是不断寻觅生活中的美和诗意,他们不愿意让丑恶现象进入他们的作品。孙犁亦如此,他说:"看到真善美的极致,我写了一些作品。看到邪恶的极致,我不愿写。"(孙犁:《文艺和生活的路》)因此:孙犁总是力求从生活中拓展出美的东西。《山地回忆》中的妞儿,其生活原型是一个很刁泼,很粗野的妇女,但是经过孙犁的艺术加工之后,却成了一个善良、活泼的小姑娘。正因为孙犁给我们展示的都是一些美好的人和事,而人人又都是爱"美"的。孙犁作为一位出色的中国现代抒情小说家,抒情小说独特的形象选择视角决定了他文学创作与女性关系的紧密性,同时由于孙犁准确地把握了女性的"心性",使得他笔下的女性形象不仅多,而且极"传神",极富艺术光彩。这是从文学自身的发展规律及其特征方面来探寻孙犁文学与女性关系渊源的又一途径。

　　附记:1992年7月,我从贵州师范大学中文系汉语言文学专业毕业了,这是我的大学毕业论文,当我怀揣梦想,准备走上工作岗位的时候,我以为凭借对文学的热爱和读过些许文学作品就能当好一个中学语文老师,事实证明,我那时还是太天真了!

参考书目：

1.孙犁:《孙犁作品评论集》.天津:百花文艺出版社,1982年.

2.金梅:《孙犁的小说艺术》.北京:北京出版社,1987年.

3.孙犁:《新文学和新中国妇女》,载《孙犁文集》,天津:百花文艺出版社,1992年.

4.孙犁:《文学和生活的路》,载《孙犁文集》,天津:百花文艺出版社,1992年.

5.凌宇:《中国现代抒情小说的发展轨迹及其人生内容的审美选择》,《中国现代文学研究丛刊》1983年2期.

6.凌宇:《中国现代抒情小说的形式美》,《上海师范大学学报》(哲学社会科学版)1984年2期.

7.《中国现代文学研究丛刊》,北京出版社,1981年4期.

第二章

高中语文教师的作为

　　守正创新，搭桥建路；琢之磨之，练就功
夫；直面现实，寻找出路，这是新时代下语文
教师的作为。

弱水三千，我只取一瓢饮

面对笼罩在语文教学上空的层层迷雾，语文教学工作者不能迷失航向，弱水搁浅，必须以一种容纳的气度，冷静的思索，守正创新，拨开迷雾，踏踏实实地教好祖国的语言文字，坚定地用平等对话的教学方式，结合课文，引导学生品味丰富多彩的人生，促使学生的人格伴随着知识、智慧的增长而不断健全，这是教育发展的必然趋势，也是语文自身发展的需要。

一、面对现实　寻找出路

长期以来，关于语文和语文教学的大讨论从未消停，各路人士对语文总能显示出热情和关注。于是，中肯的、不着边际的各种议论一齐冲向语文教育的领地，使得语文界一直呈现一个喧嚣的局面，从"误尽苍生是语文"到"要向语文讨个说法"，使得我们不少同行陷入了前所未有的困惑与惶恐之中，于是有人干脆走下讲台，另谋生路，来了个"眼不见心不烦"，甚至有人预言，我们的语文教学已是穷途末路……在这种情况下，我们的语文教育工作者能否沉得住气，能否诚恳地接纳这些鱼龙混杂的批评，实在是一种考验。其实，不管人们怎样对语文指手画脚，我们首先要有容纳的气度，因为争论才会促进发展，碰撞才会产生火花；其次，越是"喧嚣"，就越是要理智、冷静地审视自身，去摸索、捕捉那些"碰撞"产生的"火花"，用这些"火花"照亮我们的"前程",去拨开笼罩在语文上空的那些迷雾,还我们语文教学一个真实的面目。有了忠实的探路者,还怕这世人没有路吗?而只要"世上有了路,就会有上路的人"①。于是,新的课程方案出台了,语文新教材、新大纲也应运而生。新的课程改革方案,明确指出了课程内容必须与生活和时代密切联系,必须与学生的实际经验相结合,必须体现课程的综合性,教师应是学生人生的引路人,是"经师"与"人师"的综合角色。新的语文教学大纲,明确指出了语文学科的性质:语文是最重要的交际工具,也是重要的文化载体。作为交际工具,要求我们必须踏踏实实地进行母语教育,引导学生正确使用祖国的语言文字。而语文作为一种文化载体,其背景已由单一的、封闭的文化转为开放的、多元化的文化,加之语文教材结构的变化,教学对象的变化以及现代思维的发展,更需要我们语文教师面对这些发展和变化,寻找一条新的、与之相适应的教学路子。唯其如此,也才能改变语文教学中存在的另一个现实,即语文的地位是最重要的,但学生对语文的重视程度,对语文的学习兴趣是远远不够的,特别是高中语文教学,往往被视为"老北京的叙说"。学生更愿意花时间去解数学题,从中体验茅塞顿开的喜悦,而对语文的学习则采取消极被动的态度。究其原因,可从一次问卷调查中得到启示。2008年,我在本校的一次语文学习现状的抽样调查中,对高一、高二、高三不同层次的100个样本进行问卷调查,其中表示对语文学习兴趣极高的仅占26%,兴趣一般的占30%,公开表明对语文提不起劲的占44%,问及原因,除了受老师教学水平的限制、教材与高考脱节等原因外,有半数以上的学生认为现行语文教学离我们的生活太远,语文教学中的"套子"太多,将自己教"迟钝"了。这一结果令人震惊,在震惊之余,我不由深省,我们的语文教学究竟出了什么问题?语文教学与现实人生果真挂不上钩吗?怎样才能引导学生领悟语文中精彩的人生呢?带着这些内省,伴随着新教材的推广使用,在教学中,我在引导学生正确使用祖国语言文字的基础上,不断摸索、实践,为了缩小教学与生

---

① 见余秋雨《文化苦旅》。

活的距离,致力于平等民主的"对话式"教学,力图从每一篇课文中引导学生关注生活的丰富内容,深入地思考社会人生。两年半的时间过去了,回顾自己在教学中的点点滴滴,我惊喜地发现,我和我的语文教学与学生的心灵距离拉近了。课堂上,我们轻松、愉悦,当我仰视我的学生,我发现他们的头顶有了灵光;课下,我发现他们正逐步以语文作为切口,用高尚的人格,高雅的审美趣味和高深的学识在营造自我的"庙堂"。语文教学也正逐步摆脱来自各方(包括自身)的障碍,蹚过三千弱水,承载着学生奔向智慧与健全人格的航向。

二、遵循规律 与时俱进

将平等对话意识引入语文学科的教学殿堂,引导学生品味人生,这是世界教育发展的必然规律,也是语文自身发展的需要。

首先,20世纪80年代以来,世界各国的教育在经历了灌输式教育和园丁式教育之后,正逐渐由园丁式教育发展到融洽式教育,即对话式教育。这种教育强调各学科之间的联系,将"边缘文化"心理引入学科教育之中,重视对学生整体施教和整体发展的宏观调整能力的培养,主要强调教师与学生的对话式相互作用,在对话造成的"边缘领域"进行不断创新和创见,它加强了教师与学生间的相互联系和相互激励作用,使学生的身心在这种联系中得到长足的发展。世界教育发展的大方向影响着我国教育的走向。20世纪末以来,我国大力倡导素质教育,主张学生进行研究性学习,强调学科之间的综合性。素质教育的基本内容是创新思维和能力培养,要求教师变"为传授知识而教"为"为人的可持续发展而教"。我国当代教育长期以来对"教育为培养人"关注不够,就语文的阅读教学而言,教学中的学生几乎没有进行创造想象、二度创作的空间,更没有抒发内心的感悟和阐明不同见解的"误解"的自由,为了改变这些不足,为了适应素质教育的需要,我们必须致力于引导学生运用对话式的现代思维去解读文章。以此为前提,才有可能实现学生的研究性学习和综合发展。

　　其次,从语文自身的发展需要来看,新的语文教学大纲,已明确指出语文是"重要的文化载体"。为了适应这一大纲要求,新的语文课程走出了传统的"制度课程"的视野,而以一种"复杂的会话"出现,在"制度课程"的视野中,课程是分门别类的"学校材料",其教学形态是以"教室中心,教师中心,课本中心"为特征,这是一种适合于教师"传道、授业、解惑"的教学形态,在这种形态下,教师的作用只是牢牢地控制住学生,传授现成的书本知识,师生的关系只是领导与服从、"布道者"与"信徒"的关系,文本等同于"圣经",教师是文本的唯一解释者,而这种解释也往往演绎为"老北京的叙说"。学生日复一日,年复一年地面对这些"叙说",自然是提不起劲的。在"课程作为复杂的会话"领域中,课程已被理解为每一个人不同阶层,不同种族活生生的生命体验,课程具有了全新的含义,它不再只是一堆材料,而嬗变为一种"符号表征",一种可以基于多元主义价值观解读的"文本",通过这种"解读",可以获得多元课程"话语",多元课程"话语"可以展开复杂的"会话"。课程成为一个高度符号性的"概念",对这一"概念"的理解是开放的,未定的,它允许人们基于不同的领域来理解,这种理解的"差异性"是"对话"的前提。在这种课程改革的走向中,语文新教材体现了人文性的本质特征,它自身沉淀的丰厚的人文底蕴使它更贴近人的心灵世界,更关怀人的自由想象、情感体验和精神交流,更体现了"育人"的教育真谛,而育人的最终目的在于培养人成就健全的精神世界,中国社科院博士生导师腾守尧曾说过:"每个有追求的人,毕生都在营建自我的'庙堂',这个'庙堂'一旦建成,其中端坐的,将是自我人格之神"。帮助学生搭建终生受用的自我"庙堂",是语文应当实现而且能够实现的教育目标。而这种教育绝不仅仅是靠灌输知识、传达信息和训练技能来实现,它是在人与人心灵相互之间最微妙的接触中完成的。所以我们只有以边缘文化的心理,通过平等的对话,努力为教学中人与人心灵之间进行交流和对话创造好的文化环境,才能使语文教学承担和实现这一神圣的教育使命。

三、立足对话　品味人生

　　根据时代的发展和语文自身的需要，以"边缘文化"心理为前提的对话式教学，对语文教师引导学生品味多彩人生提供了保证，那么，什么是边缘文化？什么是对话式教学呢？

　　根据腾守尧的解释，"边缘"与"边界"完全不同，"边界"是将对立双方隔离开的界线，它隔离、封闭和阻碍双方交流；"边缘"是将阻碍双方交流的界墙拆除后的边界，它可以容纳或包容敌对双方，并促进交流和交融，开放、繁荣、多样，容易产生新生事物。在后现代文化中，"边界"转变成"边缘"，文化的各个部分和要素开始对话和交流，不断生发出新的气象，就像文化的"核子"，将新生的文化不断向周边扩散，有效地改变着人们的意识。关于"对话"，美国著名课程理论家派纳（W.Pinar）认为："会话一词则表示开放的、高度个人化的以及受兴趣驱动的人们在其中际遇的事件。"对话不等于提问，也不仅限于师生之间的一问一答，而是在教师引导下学生的自主性思考，它可以是学习者与文本的对话，与历史的对话，与现实的对话。在"边缘意识"的支配下，腾守尧博士认为对话式教育有如下特征：第一，在这种教育中，教师与学生、家长与孩子、学习者与所学对象之间，不再是教训与被教训、灌输与被灌输、征服与被征服的关系，而是平等的、对话式的、充满爱心的双向交流关系，这种对话出于丰富自己和扩大生活的良好意图。第二，在对话式教学中，学生的身心得到彻底解放，其学习就不再是被动接受，而是对话式的积极参与。第三，在对话式教育中，衡量一个人所受教育高低的标准，不再单纯看其掌握知识的多少，要求学生既拥有关于事物真理的认识，又拥有一套如何发现真理的方法。第四，这种教育追求人与人之间，人与自然之间，不同学科之间的和谐融合。第五，对话意识必须消除以"我"为圆心的意识。第六，对话教育要着眼于破除种种极端倾向。第七，对话式教育主张不管是教育者还是被教育者，都应该感到自己是在接受教育。因为在新的形势下，教育者和被教育者都有可能处于一种无知状态。第八，对话式教育主张各学科相融合。

　　根据对话式教学的特征及要求，下面谨以高中语文第五册第四单元为例，简述自己是怎样在教学中，立足对话，引导学生品味人生的。

　　第四单元学习的是西方现代主义文学，它包括20世纪20—70年代遍及全球的各种文艺流派和思潮，如表现主义，意识流小说，荒诞派戏剧和魔幻现实主义等，这一单元，不仅篇幅长，而且内容抽象，手法离奇，想要让学生在有限的课堂时间内真正的学有所得，是有一定难度的。因此，找准教学的切入点，以"边缘文化"的心理，引导学生进入"对话"状态，从而对不同层次的人生有所品味，这是快捷而又行之有效的途径。

　　第四单元第一课是奥地利小说家弗兰茨·卡夫卡的《变形记》，叙述的是主人公格里高尔由于生存压力过大而"异化"为一只大甲虫之后自己和家人的一系列心理感受。在教学中，我首先让学生结合政治学科中关于"异化"的解释，回顾接触过的作品中"异化"的先例，当学生回忆起《促织》中成名的儿子"异化"为一只善斗的蟋蟀后，引导学生思考，成名的儿子是在什么情形下"异化"为虫的，他的"异化"说明了什么？这些是学生已有的知识，学生很快就能领悟个中原因，然后让学生快速阅读卡夫卡的《变形记》，并将想不明白的问题提出来，结果很多学生将疑点定在"人可不可能变成甲虫？如果可能，是什么原因导致的？"这一问题上。我之所以这样做，那是我认出作品不仅要激发提问，还要不断给人以惊奇，惊奇是对话的前提，但仅有惊奇还不行，对话要深入，还需有"神秘感"造成的行动。于是顺着文中"人变成虫"这一具有"神秘感"的问题，我和学生开始了进一步的对话行动，我们讨论了格里高尔变成甲虫的原因，包括变成甲虫而不是变成其他动物的原因，那是因为在强大的生存压力之下，格里高尔希望自己能像甲虫那样有着"许多条腿"，有着"坚硬的背壳"，能够承担起养家、"送妹妹上音乐学院"的责任，顺着这一事件，围绕着"亲情的异化"展开了对话，领悟了"人对自己命运无能为力"的无奈，由此拓展，还探讨了人生的艰辛和亲情的价值，由此引导学生珍惜拥有的亲情，用知识武装自己，才能有强大的力量去面对艰难的人生。

　　第二课是英国著名意识流小说家弗吉尼亚·伍尔夫的《墙上的斑点》，教学时，我首先让学生仔细审视课文中作者的人像，并由此猜测伍尔夫的生活情状，当学生由伍尔夫恬静的外表、深邃的双眸，猜想到她是一个家庭幸福、生活自由、很有思想的女性后，我告诉学生，伍尔夫患有严重的精神分裂症，并因此在59岁那年投水自尽，这一信息激起学生强烈的好奇心，于是我让学生快速阅读课文，看文中是否有回答这一现象的相关信息。有学生说："伍尔夫患精神分裂症，是因为她想得太多了，比如课文中围绕雪白的墙壁上的一个斑点（其实是一只蜗牛），她竟然想得险些不能自持，要不是'我要出去买张报纸'的声音打断她的思路，她可能会因此永远回不到现实中来。"有学生又说："伍尔夫的生命是一条河，她以其女性的敏感和细腻构筑了这条河，它本可流淌80年，但由于战乱，由于她'一哄而上'的思绪，早早透支了生命的时月，因此，这条河过早地枯竭了。"顺着学生的这一思路，我也谈了自己的领悟，我说："伍尔夫用她有限的生命来体验人生，并将其体验诉诸文字，形成了影响深广的意识流小说，这是十分了不起的。"然后，我让学生在5分钟之内将自己此时此刻大脑中的所想自然如实地写出来，有学生由透过窗户的光线想到阳光明媚的中午，想到母亲在阳光下晾晒被子，想到晚上被子散发出来的阳光的味道，想到要报答母亲……我告诉学生，这就是意识流，每个人只要生命不息，其意识就像一股泉水绵绵不断地流。并鼓励学生要以文化作为河床，河流两岸才会风景怡人；要学会赞赏现实，才能抓住河流中的"木板"，避免自我的迷失。

　　第三课是爱尔兰作家萨缪尔·贝克特的荒诞派戏剧《等待戈多》，作为一篇自读课文，在教学中，我没有死扣教材，因为我认为教材充其量只是知识的一种载体，是能力培养的一手段，而不是唯一和全部。在学生通过课前编排的课本剧《等待戈多》上演之后，我告诉学生：在生命的荒原中，我们每个人都坚守着一棵树，我们都是生命旅途中的流浪汉。并由此启发学生与自己对话：在你十七八岁的生命历程中，你有过哪些期待？你心中的

"戈多"是什么？怎样才能让"苦苦的等待"有结果？怎样去培植生命之树，让它枝繁叶茂，点缀生命的荒原？在学生各式各样的回答之后，引导学生与贝克特生活的时代对话：爱斯特拉冈和弗拉季米尔的等待行为是荒诞的，结果是"无望而又无奈"的，这和经历过两次世界大战的作家有什么联系？从而启发学生认识荒诞的现实造就荒诞的人生，荒诞的人生内容决定了荒诞的艺术形式，于是就决定了荒诞派戏剧内容与形式的高度统一。由此拓展，联系"文革"时期荒诞的中国现实，联系《中国知青梦》和《血色黄昏》以及电视剧《孽债》，让学生与中国的历史对话，在历史的反思中学会思辨，学会体验父辈的人生。

第四课是哥伦比亚作家加西亚·马尔克斯的魔幻现实主义小说《百年孤独》，这是一篇自读课文，通过学生的自读，在学生了解到这是一篇反映拉丁美洲长期封闭落后、与世隔绝的状态以及拉美人孤独、阴暗的心境的鸿篇巨制之后，抓住这篇小说在1982年获得诺贝尔文学奖这一点，结合20世纪70年代末80年代初中国的社会变革，结合《河殇》的电视解说词，引导学生推倒中西文化的壁垒，变"边界"为"边缘"。以一种交融、开放的眼光与世界文化的发展对话，引导学生认识：凡是反映了人类历史的变革，唤醒人们沉睡的心灵意识，启发人们通过精神改造来建设新生活的作品，都应该得到认可和嘉奖。让学生明白马尔克斯的《百年孤独》所反映的历史趋势，用我国80年代初"将古老的黄河文化"融入"蔚蓝色的大海文明"的开放政策是统一的。在这一基础上，还可以引导学生同自然对话，探讨自然地理环境与人的思维意识之间的关系；同现实对话，可以探讨"穷则思变"的规律；同《百年孤独》的评论者们对话，还可探讨"典型环境中的典型人物""艺术来源于生活又高于生活"的文艺理论问题。总之，"对话"，永远是创新的温床，它催人清醒和奋发，催人创新和超越，使人不断充实和完善。教学过程中健康的人际对话，它本身就是诗，就是绝妙的文章。

我常想，在教学中只要我们坚持以人为本的思想，着眼于学生的身心健康发展，踏踏实实地进行母语教育，"举手投足间学会关心学生"（陶行知），在"守正"的基础上迎着"教改"的春风大胆摸索创新，我相信"顺木之天，以致其性"①，顺应学生身心发展的规律而进行的语文教学，就会在帮助学生建造自我"人格庙堂"的过程中，不断克服自身的弱点和随波逐流的"俗气"，像黄河的鲤鱼那样，不断逆流而上，在与困难和阻力的搏斗中增强自身的力量和智慧，最后达到飞跃和超然。而我们所培养出来的人格健全的学生，当太阳在湛蓝的天空冉冉升起的时候，我相信，他们的全身会充满着如同太阳光般灿烂、纯粹的生命力。他们会喝生命的酒而醉，会觉得除了生命之外没有其他的神。从而对生命充满无限的喜悦，而后从容不迫地去创造生活的每一天。

参考文献：

① 腾守尧.文化的边缘[M].北京：作家出版社，1997年.

② 王尚文等：《关于"对话型"语文教学的对话》，《语文教学》2001年7～8期.

③ 顾丽娟，陈平：《在"对话"视域下的语文教学》，《语文教学通讯》2002年第4期.

---

① 见唐代柳宗元《种树郭橐驼传》。

没有了路　便有了桥

——兼议思维的发展与提升

《无名之辈》是在我的家乡桥城都匀取景拍摄的一部荒诞喜剧电影,其中有一句耐人寻味的台词,马嘉祺(任素汐饰)问:"为啥要有桥?"胡广生(章宇饰,我校2001届高中毕业生)说:"因为路走到头了!"是啊,路走到了头,换一种走法,譬如架起一座桥,一切就都未结束,又都有了希望。

作为一名高中语文教师,在引导学生学习的过程中,经常发现学生会在很多环节遇到思维受阻、不能前行的情况,这时候就得帮助学生搭建一座思维之桥。在平常的教学中也要引导学生加强思维训练,因为促进学生思维发展与提升是高中语文教学中不容回避的一个重要任务。《普通高中语文课程标准(2017年版)》对"思维发展与提升"的定位是"指学生在语文学习过程中,通过语言运用,获得直觉思维、形象思维、逻辑思维、辩证思维和创造思维的发展,促进深刻性、敏捷性、灵活性、批判性和独创性等思维品质的提升"。

那么,如何帮助学生在思维受阻的时候建路搭桥,从而培养学生良好的思维品质,促进学生思维的发展与提升呢?

首先,教师要转变教学理念,把语文教学的触角深入学生的思维领域,把培养学生的思维能力作为语文教学的首要目标,充分调动学生的思维积极性,多渠道培养学生正确的思维方法。

其次,既要加强思维训练,又要把握思维训练的时机。只有适时启发,才能打开学生思维大门的枢纽。大教育家孔子说:"不愤不启,不悱不发"。按照朱熹的解释,"愤"者,心求通而未得之意;"悱"者,口欲言而未能之貌;"启"谓开其意;"发"谓达其辞。愤与悱是学生思维的内在心理状态在外部容色言辞上的表现,只有当学生对问题的思考达到欲通而未通、欲言而未能言的时候,教师的因势引导才是适时的点拨,万不可硬牵着他们走,或者暗示他们,引诱学生的思维方向甚至代替他们思考,直接达成结论,这就是《礼记·学记》中"道而弗牵,强而弗抑,开而弗达"的深刻含义。

第三,只有真正民主的课堂,才能有朝气蓬勃的课堂氛围;只有赋予教学生态环境,才能真正打开学生思维的空间;只有善于捕捉学生思维碰撞产生的火花,因势引导激活学生的思维,并能根据学生的心理特点,既尊重共性,又照顾个性,才能真正促进每一个学生思维的发展与提升。

教师树立了思维培养的理念,懂得抓住思维发展的时机,营造良好的生态课堂环境,那么在高中阶段,针对学生的身心发展现状和顶层设计的要求,教师要着力训练学生什么样的思维品质,才能顺应时代发展的要求呢?

思维品质也称智慧品质,是思维能力的特点及其表现。人们在思维活动过程中表现在不同方面的特点及其差异,就构成了个人思维品质,其实质是人的思维和个性特征。思维的主要品质有思维的逻辑性、思维的广阔性、思维的深刻性、思维的独立性、思维的灵活性、思维的敏捷性、思维的批判性、思维的确定性、思维的创造性和思维的预见性等。

我认为现行高中语文教师要着力铺路搭桥,培养学生思维的敏捷性、独特性、深刻性和辩证性。

首先,训练学生思维的敏捷性。所谓思维的敏捷性是指学生面对问题能迅速做出反应。思维的敏捷性反映了智力的敏锐程度。有了思维敏捷性,在处理问题和分析解决问题的过程中,才能够适应各种变化情况,积极地思维,周密地考虑,正确地判断和迅速地做出结论。

敏捷的思维不是天生的,需要经过长期的训练才能形成的。从1992年参加工作到现在,已经27个年头了。27年来,我一直坚持让学生课前按学号登台表达训练,最初是训练学生的口头语言表达能力和培养自信,后来越来越朝着思维训练的方向发展,训练内容由最初的新闻播报、新闻分析到后来的焦点即席抽题评价,再到后来的材料作文审题、立意训练。此外还经常用课外学习时间组织学生举办一些诸如专题微型研讨交流及"小小百家论坛"等活动,20多年来一直坚持的这项活动,其实是深受我高中(中央民大附中)语文教师张秀兰老师的影响,张老师课前课后开展的这些活动,不仅让我们这些从全国各地聚到京城学习的少数民族孩子有了敢于登台的勇气和自信,而且极好地训练了我们的思维。即时训练,让我们面对问题能快速地做出反应和判断并决策,我们高中同学中现在有不少各行各业的佼佼者,大家都特别感念张老师当初对我们的训练和培养。现在我的很多学生,毕业多年,回想高中的语文课堂,印象最深的依然是课前训练,获益最大的依然是登台训练所得到的综合能力提升。

其次,训练学生思维的独创性。思维的独创性即思维活动的创造性,指思考问题、解决问题不依赖、不盲从、不迷信,分析判断有独到见解。在人类发展的历程中,要有所发明、有所发现、有所创新,都离不开思维的独创性品质。

在高中阶段,培养和提升学生的独创性思维有许多途径和方法,但鼓励学生质疑和探究,努力为学生提供独立思考、探究问题的空间,是提升学生思维独创性的有效途径。因为"学源于思,思源于疑",有疑问才能引起思考,才能有所发现和创新。陶行知先生认为:"学贵知疑,大疑则大进,小疑则小进,不疑则不进。"可见,质疑辩难,是学生追求真理、勇于创造的内驱力。此外,发现与提升学生思维的独特性,教师要善于设计问题,引导学生向着不寻常的方向去逆向思考,去进行求异思索,从而解决问题。在引导学生学习陆蠡的《囚绿记》这篇咏物散文时,学生在自主学习阶段,提出了不少有价值的疑问,诸如:作者寻绿、赏绿、赞美绿,为什么要囚绿呢?"爱的伤害带来什么后果?"课文围绕着一枝常青藤写了寻绿、赏绿、囚绿、释绿、怀绿,那为什么课文标题不是"寻绿记""赏绿记",而是"囚绿记?"……当学生的一个个疑惑产生,教师完全没有必要急于去答疑,而是让学生顺着这些疑问去深读文本,去自主发现。如果不能深知其味,则可以通过合作探究,如果合作探究还有阻塞,教师则抓住时机,从文体、知人论世、创作主旨等方面去铺路搭桥,引导学生去发现、去概括、去迁移。思维的独创性其实不是什么深奥艰难的东西,它源于学生对知识经验或思维材料高度概括后集中而系统的迁移,迁移性越灵活,独创性就越突出。

再次,训练学生思维的深刻性。思维的深刻性是指善于钻研和思考问题,它涉及思维活动的广度、深度和难度,它关乎思维活动的抽象程度和逻辑水平。一个具有思维深刻性的个体,往往能够在感性材料的基础上,去粗取精,去伪存真,由此及彼,由表及里,进而抓住事物的本质与内在联系,从而把握事物的规律性。

在教学李白的《蜀道难》这首乐府古诗的时候,我设计了以下问题:蜀道难,难在何处? 李白为什么要借乐府旧题来写《蜀道难》? 李白是怎样写《蜀道难》的? 前后两个问题,学生通读文本,教师稍加点拨,就可以概括。第二个问题,乐府诗中已经有人以"蜀道难"为题写过此类文本,李白为什么还要写? 是炒古人冷饭吗? 在这个问题的探究过程中,学生表现出了思维认知的差异。有人认为是李白的朋友"君"要西游,李白写诗表示关切与告诫;有人认为这是李白的拜谒诗,想以此在京城博取文名;有人认为这是从蜀地入京的李白对蜀道的难于上青天的切身体会;有人认为这其中包含了人生道路艰难的感喟……当学生由浅入深、由表及里地走进文本的时候,我借助文本给学生搭建了一块木板,我是这样引导学生的:写《蜀道难》时,李白在长安,朋友要西入蜀地,课文第二段为什么写"嗟尔远道之人胡为乎来哉?"为什么不写"嗟尔远道之人胡为乎去哉"? 这一"去"一"来",可见作者在写作过程中,做了空间的置换,一会儿是"侧身西望长咨嗟",一会儿是"锦城虽云乐,不如早还家",一会儿又是站在人生的出发地,有感于越过畏途巉岩,好不容易入京,入京仅凭一个"供奉翰林"的身份,又怎么能兑现当初"仰天大笑出门去"的踌躇满志的艰难。在老师的搭桥引领下,学生联系到了李白后来创作的《行路难》,将之与课文做比较,悟出本文表现人生之路的艰难比《行路难》要含蓄、深沉,甚至不易让人觉察。

可见,教师搭桥,引导学生深度解读文本,是高中阶段语文教师培养学生思维深刻性的有效路径。

第四,训练学生思维的辩证性。辩证思维既是一种世界观,又是一种优良的思维品质。当今世界,信息横流,瞬息万变,同时又光怪陆离,真伪难辨。识人处事要想有一双慧眼,就得具备辩证思维。

辩证思维是马克思辩证法在思维领域的运用,是思辩教学的前提与保证。它要求教师引导学生用联系的观点、发展的观点、一分为二的态度去思考问题,反对孤立的、静止的、片面的观点和做法。在高中阶段的语文教学中,会涉及许多的文化现象及文化思潮,如何对待文化遗产、如何对待外来文化、如何看待文人相轻现象等等,这些问题的思考和辨别有时会让逐渐走向个体独立又涉世未深的高中生感到无所适从、无从入手,这时候,教师若能引导学生运用辩证法的观点和思维方式,通过对话去搭建一座座文化的桥梁,引导学生跨越有你没我,誓不两立的边界,推倒界墙,感知你中有我,我中有你的边缘迷人地带,这样,我们培养起来的学生,论眼界、品位、格局,当是不俗之辈!

高中语文教学离不开思维训练,思维训练既是一个宏观的系统工程,又渗透在一点一滴的训练之中,教师运用智慧与眼光,着力于搭桥与铺路,认真开展不同层级的思维训练,假以时日,学生思维的发展与提升就不再是一句空话,学生的人生之路就不会越走越窄,或许,越过桥梁,我们就能看见七色彩虹!

基于核心素养下的学习项目设计

——《过小孤山大孤山》教学札记

　　《普通高中语文课程标准（2017年版）》新鲜出炉后，"核心素养"成为本次课标修订时出现的新概念，语文课标专家将语文核心素养概括为"语言建构与运用、思维发展与提升、审美鉴赏与创造、文化传承与理解"四大核心素养，新课标还从语文课程的特点和高中生学习语文的规律出发，以语文核心素养为纲，以学生的语文实践为线，设计了十八个"语文学习任务群"，语文学习任务群以任务为导向，以学习项目为载体，整合学习情境、学习内容、学习方法和学习资源，引导学生在运用语言的过程中提升语文素养。而"学习项目"就是围绕某个学习任务、学习主题等设计的一组活动，这个活动要将阅读与理解、表达与交流、梳理与探索等诸多学习内容与学习方式整合起来。

　　"核心素养""学习项目"这些概念虽然是新的，但并不意味着我们以前从来没有做过，因为新的理念大多数是源于过往的实践和已有的经验。

　　《过小孤山大孤山》是人教版普通高中课程标准实验教科书选修教材《中国古代诗歌散文欣赏》第四单元的一篇文言散文，这个单元的教学重点是"创造形象，诗文有别"。这篇课文选自陆游的《入蜀记》，是一生力主抗金、破敌复国的陆游罢官在家闲居四年之后怀着忧患意识和期待心情赴任夔州通判的途中路过小孤山大孤山时所写的一篇日记体游记,它着重描述了小孤山大孤山的自然风光,显露了作者的心境,寄托了作者的忧国情思。

在教学这篇文言散文的时候,除了引导学生处理与把握文言文的一般常识之外,重点是设计学习项目,让学生切身领会诗歌与散文在创造景物形象和人物形象时究竟有何区别。

散文和诗歌虽然都具有形象性,但各有特点,清代学者吴乔曾以做饭和酿酒分别比喻作文和写诗,说:"意喻之米,文喻之炊而为饭,诗喻之酿而为酒",这个比喻对我们认识诗与文的差异,具有启发性,但对长期以来对诗歌、散文在形象创造上只有零星感性认识的学生来说,这个比喻过于抽象,未必能让更多的学生真切领会什么是"创造形象,诗文有别",虽然这篇课文作为"赏析示例",在课文后面附了一首在陆游之前,苏轼咏小孤山大孤山的著名题画诗《李思训画〈长江绝岛图〉》:

> 山苍苍,水茫茫,大孤小孤江中央。崖崩路绝猿鸟去,惟有乔木攙天长。客舟何处来?棹歌中流声抑扬。沙平风软望不到,孤山久与船低昂。峨峨两烟鬟,晓镜开新妆。舟中估客莫漫狂,小姑前年嫁彭郎。

虽然读了这首咏大孤山与小孤山的题画诗会让学生隐约感受到诗歌和散文在描摹再现小孤山大孤山景物形象时实有不同,但有什么不同? 怎样切身体验这种不同? 这成了教学过程中一个迫切需要解决的问题,受教材编者的用心启发,结合所教学生的实际情况。我在学生整体把握了这篇文言散文之后,设计了一个学习项目,以班上原有的八个学习小组为单位,根据原来体验过的将《故都的秋》改写成以"天净沙"为词牌的诗歌的经验,凭借抓住"意象""意境""情感"三个要素品鉴景物形象的知识积累,让学生通过自主发现,合作探究,集体展示的步骤将陆游的这篇游记散文改写成形式不拘一格的古代诗歌。一天之后,八个学习小组在集体展示环节展示了13首诗歌,读着这些诗句,感受着台上交流的同学因为创造而获得的幸福与愉悦,我也由衷地觉得幸福!

下面我将摘录2017届(3)班部分学生的作品以及小组学生代表的品鉴文字,与大家分享:

(一)King Back组

乘舟行

秋深江漫孤山晴,丹藤翠蔓雏鸟鸣。

碧峰巉然隐云霄,浪涌无风赪鱼惊。

细雨烟濛俊鹘掠,荆江入梦月影娉。

欲揽孤山为玉友,同乘彩鹢向山行。

该组成员付钰同学在展示交流时说:之所以选择这些意象,是因为他们在陆游的散文中感受到了江山之美和诗人的热切期盼之情。"揽"山为"玉友"是因为陆游的山河之恋,"同乘彩鹢向山行",是因为陆游"无问西东"的执着。

(二)水星组

水调歌头·过小孤山大孤山

杰石置烽燧,绮丽小孤山。晴雨万千变化,翠藤青蔓长。舟中估客尚在,骋望半壁江山,小姑忆彭郎。掠江东南去,俊鹘战苍茫。

驾孤舟,书鸿愿,破江流。大孤渺弥万里,明灭自生光。何日溯流北上,看尽金戈铁马?天镜待开帆。北定中原日,江渚话轻狂。

水星组组长林雨轩在谈到创作动机时说:透过课文的字里行间,在我们跳跃式捕捉意象时,我们更多感受到了面对半壁江山的陆游内心的百感交集。

(三)第一学习小组

过小孤山大孤山

风静云流秋意凉,凭涟泛舟入九江。

雄矶陡绝出秀水,碧峰巉岩入穹苍。

烟波微茫迷鸟兽,镜湖渺弥映峦冈。

安能同流空自许? 清浊自守永流芳。

班上学习委员,后来考入清华大学的刘佳妮同学在鉴赏这首诗歌时,谈到了同小组成员创作时的感受,她说同样是描绘景物形象,其实散文和诗歌没有高下之分,只是手法、视角不同罢了,她们从文中细致、逼真,让人身临其境的描写中感受到了陆游的自我坚守,并通过想象,将这种情感通过融情于景的方式表达出来了。

(四)如来佛组

破阵子

行舟凭栏观山,秀石碧峰巉然。两三星辉烽燧连天,百十尺翠屏撩云,无风浪亦掀。

彭泽空濛烟雨,大江渺弥云聚。空叹俊鹘掠水禽,何日铁马破楼兰? 风雨舟亦行。

喜欢阅读和思考的莫青青同学在点评这首诗时说:结合陆游及其所生活的时代,我感受到了一份文人的焦灼与无奈,也感受到了理想抱负面对现实阻挠时,中国文人的一路风雨兼程……

(五)基因重组组

过小孤山大孤山

渡烽火矶见奇石,宝装屏风杰然起。

小孤峭丽不可拟,大孤浮水叹渺弥。

烟波空濛徙倚归,俊鹘抟禽东南去。

清浊分明不相乱,表里山河岂可欺。

语文科代表温玥美同学在点评前面几组作品在遣词、音韵、对仗、诗歌意境和诗人情感及表现手法的基础上,高度评价了基因重组组"清浊分明"的人格坚守和"表里山河岂可欺"的家国情怀。

以上是13首改写作品中的5首,通过每位同学的共同参与和精彩点评,同学们总结了"创造形象,诗文有别"的要点:同为描摹山水形象,散文以写实为主,诗歌以写意为主;散文所展现的山水形象让人身临其境,诗歌则带给人无尽的想象;散文脚踏实地,细致真实具体,诗歌空灵缥缈,让人痴迷……

到此,本文的教学目的应该说是达到了,但这次学习项目的设计,学生带给我的感动、震撼与惊讶,让我久久回味,沉吟至今。

"核心素养"是新课程标准下的热词,早在2016年9月教育部发布的《中国学生发展核心素养》中,将核心素养定义为"学生应具备的,能够适应终身发展和社会发展需要的必备品格和关键能力",并以"培养全面发展的人"为核心,将核心素养分为文化基础、自主发展、社会参与三个方面,综合表现为"人文底蕴、科学精神、学会学习、健康生活、责任担当、实践创新"六大素养,具体细化为人文积淀、人文情怀、社会责任、家国认同等十八个基本要点,围绕着这样的顶层设计,才有了语文学科语言建构与运用,思维发展与提升、审美鉴赏与创造、文化传承与理解四大核心素养。在此背景下,我们也深知语文是一门综合性、实践性很强的课程,靠单纯的文本分析,知识掌握或单一的技能训练,都很难达成培养核心素养的目标,必须将各种素养培养目标整合起来,追求语言、知识、技能和思想情感、文化修养等多方面、多层次目标发展的综合效应,才能产生较好的学习效应,同时将这些内容整合起来也要通过学生自主的"语文实践"来实现,这就必然要以自主学习、合作探究为主要学习形式,实现真正的知识建构、经验建构,唯有如此,才能真正解决实际生活中的语文问题。

一次学习项目的设计,让学生在自主学习、合作探究中不仅深度体验了语言的建构与运用,思维的发展与提升,审美鉴赏与创造,文化传承与理解,而且还培育了学生的情感,让学生在搭建人格的过程中更加从容和稳健!

《故都的秋》教学案例剖析

一、教材教学说明

《故都的秋》选自普通高中课程标准实验教科书语文必修2第一单元第二课,是传统散文名篇。传统的教学模式往往是紧扣故都的秋"清""静""悲凉"的特点,抓住五幅图景进行赏析,赏析中不乏教师与学生的精彩发现,但遗憾的是传统的赏析或多或少地肢解了文本,破坏了散文的整体意境,甚至在赏析中用教师的预设式诱导代替了学生的独到发现,阻碍了课堂的生成,剥夺了学生发现的愉悦。课改背景下的散文教学,既要凸显学科特点,要教出散文味,又要突出学生的自主探究与合作,做到少教多学,体现语文课堂的生态性。基于此,本文作者在引导学生学习这一散文名篇时,做了一些调整和尝试,收到了异样的教学效果,通过对本教学案例的深入剖析,有了些许发现。

二、教学案例展示

本教学案例共安排两个课时,教学过程分四步:

第一，结合课前导学案，组织学生进行自主学习心得交流。

课前导演案编写的目的是引导学生从语文的角度学习文本，除了常规的知识掌握外，重点探究一个问题，即：这篇散文，你认为是不是美文？如果是，美在何处？

第二，组织学生以学习小组为单位，仿照《天净沙·秋思》，将本文改写成一首小令。

第三，通过多媒体展示学生合作探究成果。

本案例教学班级共有学生66人，分九个学习小组，经过小组内部的合作与探究，30分钟后，每一个小组均上交了自己的作品，作品展示如下：（每一首的署名为小组长名字）

天净沙·秋颜 申登辉 茅屋落蕊花田， 碧天凄雨哀蝉。 残院枯草夕颜， 回光倾见， 痴情人为秋怜。	天净沙·故秋 张继行 残舍落蕊芳茶， 蝉鸣秋韵尘沙。 雨桥话秋寂寥， 碧天淡雅， 枯零人意月下。	天净沙·秋都 蒙浩然 秋槐落蕊轻纱， 闲人斜影秋话。 寒屋碧天日下， 秋草作伴， 情深处念秋华。
天净沙·秋怆 李刘昊玥 皇城破屋秋草， 清雨落蕊鸣蝉。 都市凉风闲人， 天光乍见， 故都人见悲凉。	天净沙·冷秋 刘正杰 落槐残柳浓茶， 碧天枯草蓝花。 破椽斜雨落下， 日影洒下， 爱秋人在故家。	天净沙·秋煞 陈从楷 哀蝉秋雨风沙， 闲茶破壁白花。 梧桐落蕊树下， 凄秋槐下， 闲人叹为秋煞。
天净沙·秋日 王荣昊 残日深院浓茶， 秋蝉落蕊水洼。 一椽破屋之下， 青天蓝朵， 黄草红叶白花。	天净沙·故都之秋 凌景怡 碧天秋院蓝花， 香槐桐叶闲家。 清蝉落蕊浓茶， 秋雨落下， 共赏一片芳华。	天净沙·秋凉 陈姝桦 残槐落蕊飞鸽， 秋果淡花庭前。 层雨人闲话凉， 日光一采， 舍光阴慰悲肠。

第四,组织学生从意象、意境、词牌的格律要求几个方面对各组作品加以点评和赏析。

三、教学案例剖析

(一)搭桥点拨去寻味

《故都的秋》是传统的散文名篇,散文是"集诸美于一身"的文学体裁,它是作家心物感应,真情流露的结晶。散文教学要着力于引导学生去发现其中的"美",着力于语言和意象的品位,力图教出散文应有的"韵味"。那么,什么是散文的"韵味"? 怎样才能教出散文的韵味呢? 语文特级教师于漪老师认为:"要教出散文的韵致,一要动情,二要造境,三要理解,四要含英咀华,要通过朗读、吟诵、分析、咀嚼,引导学生进入艺术佳境,受到美的熏陶。"

本教学案例中,教师致力于搭桥造境,借助学生学过的《天净沙·秋思》,鼓励学生走进文本,用自己的眼睛去捕捉一个个鲜活的意象,构筑适合表达郁达夫特定情思的意境,从而受到来自文字和情感的美的熏陶。意象、意境、情感是通往本文韵味的桥,路径是一样的,但两岸的风景却因人而异,于是,除了"秋槐""落蕊""秋蝉""秋雨""秋果"等常见意象之外,"花田""水洼""斜影"等平常被我们忽视的意象被学生捕捉到了;于是"一层秋雨一层凉"被学生描摹演绎得形象逼真,让人身临其境;于是"爱秋"之外,学生还品出了"共赏芳华""枯零人""叹秋"的动人情怀。

(二)合作探究有发现

新一轮课改背景下的语文课堂强调合作与碰撞,探究与发现。因为合作产生合力,碰撞产生火花,深入探究才会有发现。

本案例中,教师依托学习小组组织开展教学活动,在学生个体通过完成预习导学案后,先让每一个小组6~7人进行内部的交流与碰撞,在充分的生本对话和生生对话之后,根据教师的要求,先温习马致远的《天净沙·秋思》,对词牌的内容和格律熟知之后,再分头到文本中去寻找适合表达作者情感的物象,将这些物象汇合之后,再根据意境的需要对这些意象进行筛选与整合,最后根据词牌的要求填写出代表本组集体智慧的词作。

在整个教学过程中,作为教师,我既看到了学生们因独立思辨而有的凝神苦思,又感受到了交流碰撞时那份精彩与激烈,当每一个小组呈现自己的作品时,我更看到了同学们因自主发现而挂在脸上的愉悦与自信。特别是在赏析点评这一环节,针对出现在同学们词作中有如"茅屋""凄雨""哀蝉""残院""枯草""破椽""残柳""清雨""破壁"这些极具衰败特征的意象,我设置了一个值得探究的问题:这些景物美吗? 如果不美,为什么郁达夫还那么喜欢它们? 问题出来之后,同学们又有了一个讨论探究的高潮,在交流发言中,有学生从审美理论的高度、从美学的范畴,甚至从《文心雕龙》中找到了理论依据,对这些意象进行了极具个性的咀嚼,通过一阵畅所欲言的讨论,我发现同学们从"破败"中咀嚼出了散文特有的韵味,感受到了本文特有的意境和才情,从而深刻领悟了郁达夫"宁可折去生命的三分之二,换得一个三分之一的零头"的情怀。这时,我发现我的孩子们眼里充满了智慧,头顶充满了灵光!

(三)自然和谐促生成

随着课改的推进,我们越来越意识到:课改,改到深处必然是课堂改革。传统的语文课堂老师们也各显神通,但似乎都在延续着"老北京的叙说",其教学效果,用学生的话说适合催眠! 这究竟是学生的"不领情",还是我们语文教师连同我们语文课堂的悲哀?

为了找回所有学科中尤为辛苦的语文教师的尊严,为了承担一个语文教师应该承担的使命,我们必须从课堂入手,寻找出路。我认为,学生之所以对我们的语文课堂表现出如此的冷漠,很大程度上是因为我们教师把学生当成了道具,不经意间把学生当成为了配合教师唱戏而设置的配角,所以原本最有生机与活力的语文课堂变成了教师施行软暴力的舞台,我们生拉活扯,我们软硬兼施,只为了把学生引诱到我们既定的"标准"答案上来,这样的课堂谈什么"和谐"？谈什么效率？

在这一案例尝试中,我只是放了一下手,换了一种教学方式,把舞台搭建起来后,大胆地让每一个学生登台表演,包括让学生们有充分地表达误解的自由。每一个问题的答案都不是既定的,更不是唯一的,而是根据每一个人的认知自然生成的。表面上看,我们的课堂是"乱"了,但这种"乱"不是杂乱,而是另外一种意义上的和谐与有序,因为它"和"而不同,因为它"动"中自有一份因深思而产生的沉寂和涌动。这种涌动所产生的火苗,是教师在尊重的基础上对学生生命的唤醒与激励,是令教育者怦然心动的精神力量,它促使我们去思考、去改革、去构建一个个适合学生生成的生态课堂。在这样的生态背景下,我们的教学对象才能不做道具,才能像个人一样从容自信地创造他们想要的生活。

(四)少教多学快乐多

在本教学案例中,教师负责课前导学案的编写和教学方案的设计,在整个教学过程中,教师充当的是组织者、陪伴者和倾听者的角色,比起学生在本案中的投入,教师时间上的投入可谓少了很多,比起传统课堂教师从台前站到了幕后,从主演变成了观众和赏识者。学生有了舞台,可以充分自由地享受学习的乐趣。学生忙了,教师轻松了,但教学的效果却好了,可见,"少教多学"确实是一种高质量的教学方法。那么什么是"少教多学"？怎样才能科学贯彻和落实"少教多学"的理念呢！通过本次教学案例的尝试,我认为"少教多学"首先是一种教学思想、教学理念的变化,它标志着传统教学思想的转移,就是从以教为主转向以学为主。"少教"意味着教师要教在点子上,教学生的最近发展区,即假懂非懂的地方。"多学"就是教师要把更多的课堂时间、空间交给学生。"少教"的目的是"多学","多学"的过程是"少教","少教"并不是不教,而是更高质量、更高技术含量的少教,是给学生开发更广阔、更自由的空间,促使学生在这样的空间中掌握更开放、更自主、更科学的学习方式。在学生学习负担过重的现实面前,"少教多学"确实是教师解放学生从而解放自己的一种行之有效的途径。

四、案例反思

通过本次教学案例的尝试与剖析,我分明感到,语文教师确实不是工匠,而是园丁,是负责给花儿浇水、施肥的渗透者,是"顺木之天,以至其性"的陪伴者和唤醒者,唯其如此,才能企望森林里的每只鸟儿都歌唱,花园里的每一朵花儿都开放,才能让我们的语文教学有天空可仰望!

教师的功夫，学生的幸福

——听罗丽老师讲《鸿门宴》有感

　　学生是课堂的主体，教师是课堂的主导，作为主导的教师在课堂上对学生的学习承担着导拨的作用，教师引导的思路，点拨的技巧，毫无疑问都将对学生的学习兴趣、学习效果产生深远的影响。一名教师，要想成为学生学习中优秀的导航人，必须要舍得花力气，肯下功夫，才能获得功夫。一个功夫到家的教师，引领的教学课堂必将是多彩的课堂，作为多彩课堂直接受益者的主体——学生，也必将获得学习的极大享受和乐趣，他们必将是幸福的。

　　4月8日上午，我和几位教师在高一(15)班听了罗丽老师的语文课，教学的内容是选自司马迁《史记》中的《鸿门宴》。作为文言文教学，其中有许多相关的文言知识点要对学生进行引导和点拨，作为一篇纪传体文章，人物形象分析、人物性格特征也要引导学生去把握。这样一篇讲读课文，要在2~3课时内引导学生去全方位把握，本身有一定难度。如果要经此来关注与实现课程的三维目标(知识与技能、过程与方法、情感态度与价值观)，以此来培养学生的语文素养，特别是人文素养，让我们的语文课堂对学生的审美情趣及至人生性格形成产生影响，那么，作为课堂引领者的教师至少要从如下几方面去花功夫：1.深入钻研教材，详细了解相关的历史材料与背景;2.在占有材料的基础上,针对学生实际做出教学构想,落实教学的方案;3.从学生实际出发,编采恰当的学案,以巩固教学内容;4.灵活驾驭课堂,把握教学的节奏,保证教与学的效能;5.补充相关的资料,适当地进行课外拓展。

罗丽老师用一个课时引导学生疏通课文,落实了相关的文言知识,完成了学案——基础知识的学习与巩固。第二个课时,罗丽老师从鸿门宴会上人物的座次、集团内外对项羽和刘邦的称呼、人物的个性化语言三个方面来引导学生把握项羽和刘邦的性格,并引用毛泽东诗句"宜将剩勇追穷寇,不可沽名学霸王"和李清照诗句"生当作人杰,死亦为鬼雄。至今思项羽,不肯过江东",引导学生对项羽的性格及楚汉相争的历史进行讨论与思辨。

整个课堂,思路清晰,容量丰富,加上教师干脆利落的语言,敏捷严密的思维,富有亲和力的表情,学生学得扎实,学得轻松,小眼亮了,小脸红了。我们分明感受到了课堂的灵动与精彩,感受到了学生的幸福。应该说,这是一节成功的语文课,它不仅教给学生知识与技能,还对学生性格的养成具有修正与启迪作用。

不可否认,现实工作中,的确存在这样的课堂现象:1.随意中很大的橡皮课;2."以己昏昏,使人昭昭"的糊涂课……设身处地想一想,这样的课堂其实浪费了学生的时间,对学生实际上是一种折磨,是一种痛苦。教师都是有理想的工作者,愿我们能静下心来,花功夫去提高自己的本领,成为具有深厚专业技能的教师,愿我们都能成为给学生带来幸福的人。

琢之磨之　器之乃成

——从张红燕老师的教学谈精细化管理

　　开学之初,我们听了学校关于精细化管理的要求及工作思路,现实工作中,我目睹了许多老师在精细化管理方面的成功做法。于是,围绕着精细化教学管理,我开始了一些学习,进行了一些思考。

　　首先,请允许我在这里先为各位介绍一下我校英语组张红燕老师的一个教学管理环节。张红燕老师长期担任三个班的高中英语教学工作,还兼任高一年级英语学科的备课组长,面对如此繁重的工作,张老师在考试这一教学环节上的做法值得我们参照反省。作为三个班的英语科任教师,张老师会不定期地给学生进行各种检测,每次检测之后,张老师会在每个班设置进步奖、单项奖,并自己出资给学生进行奖励,至于半期考试、期末考试这样大型的考后总结及奖励,张老师更是长期坚持这样做。作为高一年级英语学科的备课组长,由张老师牵头,在其他老师的配合下,每次年级英语统考后,先由各班科任老师选出1~2篇本班学生的优秀作文,交由张老师来打印,然后按年级分三个层次,将试卷密封让老师来打分推荐,最后每个层次推荐3~5篇优秀作文,再由老师来进一步修改,然后印发给每个学生,让学生学习或者记诵,对那些作文获得推荐的学生,由年级组出资分别给予奖励……由此我想到,什么是精细化的教学管理,或许我们已从中得到了启示,在工作中,我们或许也曾这样做过,但长期坚持这样做,恐怕就要考验我们的意志了。

听了张老师的教学管理之后,我们再来对精细化管理做一些思考。

精细化管理是源于发达国家的一种管理理念。精细化在我国自古有之,宋朝的朱熹说道:"言治骨角者,既切之而复磋之;治玉石者,既琢之而复磨之。治之已精,而益求其精也。"这里所说的切磋琢磨,是指对任何事情要做到精密细致,好了还要求更好。可见,精细化并非什么新鲜事物。农业上讲"精耕细作",生活上讲"精打细算",军事上讲"精兵简政",企业管理讲究"精益求精"。时至今日,汪中求先生在总结企业管理成败的基础上,写出了《细节决定成败》一书,揭开了管理精细化的序幕,预示着管理走上精细化的时代已经到来。对学校工作而言,"学校无小事,事事皆教育",将精细化管理理念引入教育领域,用于教学管理,这是必然趋势。

那么,什么是教学的精细化管理?如何实施教学的精细化管理?在实施精细化管理的过程中要注意哪些问题呢?下面仅从三个方面谈一谈自己的学习心得及体会。

首先,要了解什么是精细化管理,先要从什么是管理开始。管理就是管理者或管理机构,在一定范围内,通过计划、组织、控制、领导等工作,对组织所拥有的资源(包括人、财、物、时间、信息)进行合理配置和有效使用,以实现组织预定目标的过程。这一定义有四层含义:一、管理是一个过程;二、管理的核心是达到目标;三、管理达到目标的手段是运用组织拥有的各种资源;四、管理的本质是协调。而精细化管理,就是把管理的计划、组织、控制、领导等工作更细化,通过具体的细节操作,有序地实施管理,从而达到一种滴水不漏的管理境界,实现管理的无痕化。如教学工作,要对教师的备课、上课、作业、辅导、考试五个环节做仔细的有效的规定,避免随意化倾向。

其次,实施精细化管理要从以下几个方面做起:

一、制订全方位的精细化管理目标。

这是实施精细化管理的必由之路,实行目标管理,这在现代管理中已是行之有效的手段,因而在精细化管理过程中,也必须制订全方位的精细化管理目标,就教学工作而言,管理目标的内涵有:教师教学的管理,学生学习的管理,还有管理部门管的管理,这是最容易忽视的地方,却是最重要的一环。

二、完善可监控的精细化管理过程。

这是精细管理的前提,精细化管理必须有监控,在监控中反思,在监控中修正,从而实现在监控中的提高。尤其是在学校精细化管理过程中,面对有鲜明个性,各具特点的广大师生,一定要有效地监控其成长过程,及时沟通与修正,让其少走弯路,顺利成长。

三、落实切实可行的精细化管理措施。

健全各项规章制度,明确精细化管理的内涵,是实施精细化管理的起点,也是实施精细化管理的归宿。一开始,管理措施可能是不全面、不完善的,但伴随着精细化管理措施的不断深化,到达管理过程的终点时,管理措施一定是全面的、完善的、更高层次的,而这正是精细化管理的归宿。

四、注重有反馈的精细化管理结果。

及时修缮管理过程,不断有效反馈管理结果,这是实施精细化管理的至高境界。精细化管理要不断上台阶,就一定要有反馈,因为有反馈才有提高,有反馈才能实现管理的转型,才能从粗放型、散漫型向现代精细化管理转型,从而实现由管到理的飞跃,从管制型、压抑型到人文开放型、无痕型的转变。

第三,实施精细化管理要注意的几个问题。

一、精细化管理不是喊喊口号,唱唱高调,出出风头,凑凑热闹。在实施精细化管理的过程中,要克服好大喜功,心绪浮躁,急功近利,搞形式主义等不良倾向,要静下心来,务求实效。因为工作是做出来的,而不是讲出来的。

二、在关注精细化目标实现的时候,应注意精细化管理的过程,更应关注广大师生的自身发展。要处理好调动师生积极性与实施精细化管理的关系,如果因为实施精细化管理而打击了教师教的积极性和学生学的积极性,那宁愿不要这样的管理,因为精细化管理也应是一种人本管理。

　　三、慎防过度精细化管理。精细化管理应以创新为目标,以人本为前提,不能走入误区,不能过分注重细节,从而出现管理过度的现象,因为万物皆有度,失度则失真,更何况教育教学工作,是一种有着内在规律的活动,面对一个个有个性的师生,更应主张每个教师个性特点的发挥,个性的张扬,不能忽视教师工作的主动性、积极性、创造性,如果我们的教师在做事情之前先想到各种规定,各种规定的条条框框,如果粗暴地限制教师的自我发展需要,就等于是把教师当作雇佣者,教师就成了流水线上按照规范化操作而忙碌的工人。由此,学生就成了流水线上一个个零件和正待组装的产品,这样,师生势必就会对所谓的精细化管理产生厌恶和抵制情绪,积极性和创造性就会逐渐被泯灭。这与我们倡导的人本化管理、精细化管理的初衷也就背道而驰了。

　　总之,管理是一门学问,精细化管理是一门艺术,学校的精细化管理,是新时期社会赋予学校的新理念,更是学校未来发展方向的指引,如果我们的教学管理不到位,出现了漏洞,我们就会误人子弟,就会枉为人师。让我们大兴精细化之风,本着自己的良知,敬业爱岗,踏踏实实地做好自己的本职工作!

创新，时代的呼唤

　　创新是人类社会发展与进步的永恒主题。作为肩负基础教育历史使命的中学教师，如何认识创新赋予今日教育的特殊内涵，从而主动顺应时代潮流，积极探索和实施创新教育，这是不容回避的问题。

　　信息社会，科技发展一日千里，国与国竞争的基点已完全聚集于能够体现科技水平的人才素质的竞争，而其中的创新素质正日益备受瞩目，这是由我们所面临的特定的社会发展背景决定的。

　　首先，当今世界正在从传统工业文明向现代信息文明迈进，知识经济已初见端倪，而知识经济的核心恰恰在于创新。

　　其次，在知识经济条件下，国际间综合国力的竞争越来越多地表现为创新型人才的水平和数量的竞争。

　　第三，教育是培养民族创新精神的主要动力，是实现21世纪中华民族全面振兴的关键，也是把我国巨大的人口压力转化为丰富的人力资源的根本出路。

　　第四，创新是世界上许多国家教育改革的焦点和核心，实施科教兴国战略和素质教育不能脱离这一问题。

　　我们这里所说的创新教育，是指在基础教育阶段以培养人的创新精神和创新能力为基本价值取向的教育实践。其本质是在全面实施素质教育进程中,为应对知识经济时代的挑战,郑重研究和解决如何培养中小学生的创新意识、创新精神和创新能力的问题。因此,创新教育是素质教育的重要组成部分。它以挖掘人的创新潜能、弘扬人的主体精神、促进人的个性和谐发展为宗旨,通过对传统教育的扬弃,探索和构建一种新的教育理论与模式,并使之逐渐丰富和完善。由于创新已被公认为教育的核心目标,所以对创新教育的探索与实践定将有力地推动教育改革的深化及更好地促进素质教育的实施。

众所周知,课堂是教育的主阵地,创新教育尽管强调社会实践,然而这一实践的前提仍无法脱离课堂上创新能力的指导与培养。因此,当今对青少年创新能力培养的主渠道仍然在课堂,即教师在课堂上的创新教学。教师能否实施创新教学是创新教育理念能否贯穿于素质教育和推动教育改革的关键。围绕创新教学,我们应率先加深以下两点认识。

1.创新教学是创新教育的核心体现。

创新原本是人的基本特性,但主动积极的创新意识、创新精神和创新能力更主要靠后天培养,要靠创新教育。传统应试教育的教学方法,严重阻碍学生主观能动性以及思维的发展,使知识的迁移能力大为降低,更谈不上创新思维和创新能力的发展。

要培养和造就适应未来时代需要的创新人才,必须要有适应这种人才健康成长的条件和良好的环境,而教师的教学是否符合创新的要求是最为关键的因素。因为只有当今教师真正确立了以创新为核心的教育思想,突破旧的教育模式,构建以培养人的创新精神和创新能力为根本目标的教育方法,才有可能为培养一代具有创新精神和能力的社会主义新人提供可能。创新教学便是以培养学生发现问题、分析问题、解决问题的能力为目标,训练学生的创新思维,挖掘学生的创新潜能,开发学生的创新精神和能力的一种教学方法。其核心思想就在于激发学生的创新精神,使他们学会面向未来的新的方法、新的技能、新的态度、新的价值观,为对付未来问题和创造自己所期望的未来做好准备。

创新教学是素质教育的核心体现。它要求我们的教学不再将知识的学习作为教学的目的,而是把知识的学习作为认识事物本质、训练思维能力、掌握科学方法的手段,让学生在"发现"知识的过程中不是简单地获得结果,而是强调创造性解决问题的方法和形成探究的精神。

2.教师素质是创新教学的先决条件。

创新教育在对教师素质的要求上,不再满足于"传道、授业、解惑"的传统功能和作用,而要求教师能在对学生实施创新教育的过程中起引导和示范作用,即教育者能以自身的创新意识、思维以及能力等因素去感染、带动受教育者的创新能力的形成和发展。教师是否具有创新教学能力,主要看是否具备以下几种素质:

①是否有改变自己不适应素质教育教学行为的能力。

②是否有发现并解决素质教育实践中遇到的新问题的能力。

③是否有改变自己教育教学低效率并取得稳定的高效率的能力。

④是否有获取教育教学新知识、新方法的渴望。

⑤是否有获取信息的能力。

⑥是否有脚踏实地、不畏艰难、勇于攀登、立志成功的精神和认真、严谨的科学作风。

面对创新教育,教师在教育的主阵地课堂上的教学应努力顺应素质教育要求,对传统教育做扬弃式的创新教学。要实现创新教学模式,现代教师的教学应力求与传统教学作有机整合,就当前教育转型期而言,名副其实的创新教学应着力做好以下四种组合。

1.注重情意与认知间的组合,造就创新意识。

意识支配着行动,只有在强烈的创新意识引导下,人们才可能产生强烈的创新动机,树立创新目标,充分发挥创新潜力和聪明才智,释放学习和创新激情。为此,在创新教学中情意目标和认知目标同等重要,教师要善于将两者有机组合,使学生在认知冲突中充分感受到教学民主和师生平等,从而在实现师生知识同步、思维共振、情感共鸣的充满生命活力与和谐气氛的氛围中,形成最佳创新环境和最大可能地激发并生成创新意识。

2.注重求同与存异间的组合,造就创新思维。

创新思维是整个创新活动的智能结构的关键,这种可贵的思维品质具有五个明显特征,即积极的求异性、敏锐的观察力、创造性的想象、独特的知识结构以及活跃的灵感。创新思维能保证学生顺利解决对他们来说新的问题,能深刻地、高水平地掌握知识,并能把这些知识广泛迁移到学习新知识的过程中。为此,教师在立足教学常规,对学生进行认识事物发展规律的求同教育的同时,还应大力鼓励学生逆向思维,允许学生标新立异,大胆质疑,要善于激发和保护学生丰富的想象,因为学生只有在自由、广阔的想象时空里,思维才会更活跃,创新也才会有可能。

3.注重自主与引导间的组合,造就创新技能。

学生在课堂上的创新技能主要体现在是否具备学习的能力,这种能力表现为强烈的自我意识、自我体验、自我评价、自我控制等心理行为成分,其中突出标志是创新能力的产生、形成与发展。在创新教学中,教师一定要彻底转换角色和方法,化主导灌输为引导发现,并能积极根据学生的心理特点、认知水平和学习规律努力为学生营造自主学习的氛围和优化自主学习的过程,从而促使学生真正早日成为学习的主人,且使其在有效的自主学习中练就创新技能,提升认知质量。

4.注重合作与竞争间的组合,造就创新个性。

个性在创新能力的形成和创新活动中有着重要的作用,个性特点的差异很大程度上也决定着创新成就的差异,且良好的个性也正是学生形成和发挥创新能力的丰富底蕴。创新个性一般来说包括勇敢、富有幽默感、独立性强、有恒心,以及一丝不苟等良好的人格特征。学生的学习、生活中都充满了竞争,未来社会的竞争会更趋激烈,学生要适应竞争和更好地参与竞争,必须要有良好的个性做基础,而学生极具可塑性的个性又无时不受到群体的影响。因此,教师在创新教学中必须要有意识地培养学生的合作精神,要多为学生创设合作竞争的机会。这样,不仅能促进师生尽快顺利完成教学目标,而且能让学生在合作中学会共处,学会生活,从而互补个性优势,进一步提高竞争实力,成就独特创新个性。

总之,实施创新教育是当今时代的主旋律,是素质教育得以向纵深推进的必然选择。面对未来挑战,为造就一代创新英才,相信教育界的每一个有识之士都能不辱使命,自觉研究创新,实践创新。

教学思辨，我们一直在实践

——在第二届全国高中语文思辨教学研讨会上的讲话

一、我的学校 我的家

都匀一中是一所具有112年历史的学校，"立志 崇实 担当""视野 意志 品格""放眼世界 自强不息"这三条校训，是1962年毕业于我校的华为总裁任正非校友于2013年9月26日在北京组织学界精英、商界领袖、行政领导专门针对"华为与教育——都匀一中校园文化建设"的研讨会上确定下来的。

我们的学校虽然坐落在贵州省黔南布依族苗族自治州偏远山区之中，但党和政府一直很重视这块土地的开发。素有"中国天眼"之称的500米口径球面射电望远镜落户我州平塘县，从选址到建设，历时22年，于2016年9月25日在我州平塘县大窝凼的喀斯特洼坑中落成。在整个工程建设中，建设者们发扬了登高望远、精益求精、勇于争先的"大射电精神"。因为2016年是500米口径球面射电望远镜FAST建成之年，2016年4月22日国际天文学联合会(IAU)国际小行星中心发布99890公报，将中国科学院国家天文台"施密特CCD小行星项目组"于1997年9月26日发现的编号为第24956号的小行星命名为"黔南星"。

我们生活在相对封闭的大山里,但我们并不因此而保守。三条校训以及任总带领的华为的危机管理模式和服务意识,扎根在每一个都匀一中人的心里,因此,我们一直秉承着一切为了学生的发展,为了一切学生的发展的理念指导着我们的教育教学。

二、新常态下的思辨教学

就思辨教学而言,我不认为它是一个新名词,因为作为一种思考方式,思辨就是思考与辨析。我们的高中语文教学,其实一直也都在通过听、说、读、写,引导学生学会分析、推理、判断,从而逐步增强对事物的情况、类别、事理等加以辨别和分析的能力。从这个意义上讲,思辨教学是我们高中语文教学的一个常态。

但是纵观我们的教学,长期以来,相较学生思维能力的培养和训练,我们可能更多地关注了知识和技能的传授,抑或是在思维能力的培养和训练中诱导学生的思维仅仅停留在"真理""谬误"的简单思维模式中,从而限制了学生的好奇心,损害了学生的质疑和批判精神。

现代教育的核心价值是通过探究性学习,发展学生的思辨能力,使学生的学习成为一个探索和发现的过程,而非记忆或拷贝的过程。思辨能力的核心精神是求真、公正、开放、反思,作为一种反思性思维,其目的在于找到更好的观念,做出合理的行动。

着眼于这样的教学现状和要求,我们当下的语文教学以及教学中思辨能力的培养,又面临着一个新问题。

在这样一个新形势下,我们的高中语文教学该何去何从呢?

三、思辨实践

下面,我将结合我和我的同事们这些年来,在培养学生语文学科素养,特别是促进学生思维发展方面所做的一些探索,谈谈高中语文思辨能力的培养及感悟:

首先,我认为任何一种学科素养的形成和提高,都是功夫在课内,精彩在课外,而且是一个长期的循序渐进的过程,都得依托一定的活动形式来进行,为此,我们开展以下一些活动。

1.课前表达训练

每节语文课前3~5分钟,由学生按学号上台进行表达训练,训练内容由最初的自我介绍,到后来的新闻播报,焦点评论,再到专项作文训练,这个活动从我1992年大学毕业参加工作,一直进行到现在,已经有25个年头,一开始只是想针对山区孩子胆子小、表达能力差、不够自信等现状,想让学生学会当众自如得体地表达,但随着活动的深入开展,以及对学生发展的后续跟踪,我们发现学生的分析能力、思维品质都得到了极大的提高,由最初的现象列举发展到了现象分析,学会了由点及面,由现象到本质,由特殊到一般的思考模式,学生分析问题由开始的黑是黑、白是白发展到了能关注黑白交融的边缘地带,从单一到多元,学会了多面性思辨,表里思辨和包容性思辨等多种思考方式。

2.思辨课堂

都说课程改革改到深处必然是课堂改革,因此在课堂上,我们大胆放手,着力搭建让学生攀缘的脚手架,我们坚信,学生的精彩才是课堂的精彩,老师的任务就是激发好奇心和创造欲,就是结合文本引导学生开展多种形式的对话活动。在这其中,我们认为只有让学生有表达的自由,有自我修正的空间,才会有真正的富有生机的绿色课堂,生态课堂,也才会催生学生的创作欲望,于是在引导学生将《故都的秋》改写为"天净沙"的小令之后,学生才会主动将陆游的《过小孤山大孤山》这篇文言散文改写成诗歌,以比较"创造形象,诗文有别",才有了学生即兴表演的课本剧,才有了学生的沉思与激越……每每这些时候,我就发现学生的头顶上有了灵光。

3.功夫在课内,精彩在课外,为此我们开展了丰富多彩的课外活动

学生微课题

● 从刘兰芝"举身赴清池"到"鸣凤之死"看女性与水的不解之缘

● 中学课本中的性别歧视之我见

● 关于中学语文课本中的民族平等建议

● 父母与孩子之间的爱

● 苗族婚俗调查研究

学生自办刊物:《锦瑟》(2012届)、《忆流年》(2015届)、《流火》(2017届)、《饮冰》(2018届),参加各级各类创新大赛、作文比赛。

得益于这些课内外活动,我们的学生在后续的发展中,都有一些不错的表现:

殷立飞:现任中共广东省委南方杂志社主编,暨南大学博士研究生,2016年10月被评为首批"南方名记"。大学期间就曾经与著名专栏作家鄢烈山老师在湖南卫视进行新闻课公开课论辩,与著名时政评论学者邱震海进行论谈。

娄扬:广州观德公关顾问有限公司创始人,策划并完成的"长江计划"获2015年"中国企业社会责任"案例奖。先后出版了《一直在恋爱,一直在旅行》《爱在加州阳光下》《剩女的坚持》《和宝宝的间隔年》4本著作。

林路:四川省检察院优秀检察员。

殷立飞在《居灵兰斗室,论天下大事》一文中说:"美好的高中岁月,为我这些年开展学术研究和新闻业务,练就了一身童子功。"

每一项活动,每一个环节,都有学生思想的火花,都有惊喜,也都留下很多很多的反思与感悟。

四、关于"思辨教学"的再思辨——语文教师的教育修为

针对思辨教学的得与失,在此我想谈几点感悟与认识:

第一,由经济新常态引发的思考。

经济新常态:十八大之后,习总书记指出:当前我国经济改革进入了一个深水期,面临三期叠加的新常态。

三期叠加:换挡期(负重爬坡必然换挡)

　　　　　阵痛期(阵痛是生产的前奏)

　　　　　消化期(消化前期改革留下来的问题)

五大发展理念:创新、协调、绿色、开放、共享

由此我想,我们的语文课程改革由最初的观念更新到现在的课堂改革,其实也进入了一个深水期,前期改革遗留下来的问题,也值得我们去消化,在其中同样可能产生阵痛,同样需要换挡,减速才能加力,才能慢下来思考其中的得和失,创新、协调、绿色、开放、共享五大发展理念,同样会引发我们深远的思考。

第二,身处教学民主时代,我们不敢也不能绑架学生的思考与辨别。

开放多元的时代背景下,尊重、包容与理解是当今高中教师面对当下高中生这一特殊群体必备的修养;提高学生的学科素养,创造宽松、民主、和谐的教学环境,是一个高中语文教师的应有作为,远离这一修为的举措,都将是自找难堪,甚至是自取其辱的行为。

第三,培养学生思辨能力要遵循规律。

违背学生身心发展规律的思辨活动,要么幼稚,要么拔苗助长,只有在学生"最近发展区"开展的教育教学,才是有效的,也才是有意义的。

第四,培养思辨能力,其终极目标是健全人格。

于丹曾经在贵州卫视《论道》节目中说过:"老师是陪伴学生走过一段路的人。"中国社科院博士生导师滕守尧也曾说过:"每个有追求的人,其毕生都在搭建一座庙堂,当这个庙堂搭建起来之后,其中端坐中央的,一定是

自我人格之神。"作为一名高中语文教师,陪伴一群孩子走过高中这一段路,一路欢歌固然好,但不现实,也不真实!我只愿陪伴与倾听,分享与助推,只愿我们的学生不做思想的侏儒,不做精神的缺钙者!其人格能够伴随学识的增长逐渐健全起来,每一天都能饮生命的酒而醉,而后从容地去享受生命的每一天!

　　最后,我想说,无论是语文教学中思辨能力的培养,还是学科综合素养的养成,我们一直在探索与实践的路上,我们的认识或许还很浅很浅,但我们愿意做一条清澈的小溪,我们愿意博采众长,自强不息,蜿蜒前行……

　　　　　　　　　　　　　　2017年4月于上海华东师大第二附属中学

直面"三怕"

传言中学生学习语文有"三怕":一怕文言文,二怕周树人,三怕写作文。作为中学语文教师,你不能回避,只能直面"三怕",并运用自己的脑髓,放出眼光,寻找出路,带领学生冲出迷雾,领悟个中精彩。

一怕文言文

学生为什么怕文言文?因为学不好!为什么学不好?因为老师教不好,甚至不知怎么教!所以文言文教学几乎成了考试的"灾难"!

"文言文"就是古人用书面语言写成的文章,"文言"中"文"是书面文章的意思,"言"是写、表述、记载的意思。"文言文"是相对于"白话文"而言的,"白话文"就是用常用的直白的口头语言写成的文章。古代写文章都是用书面语言,而且每个朝代的书面语言都呈动态发展态势,所以现代人学习古人的书面语言自然有一定难度,中学生怕文言文是情有可原的。

因为怕,所以学习文言文的第一道关卡就是克服畏难心理;第二步是弄清楚文言文教学教什么,学什么,心中有数,才能有的放矢。文言文的教学任务无外乎是培养文言语感、积累文言词汇、学习传统文化常识、梳理文章结构、体会文言之美;第三步最重要,文言教学,怎么教?怎么学?

江苏省泰州中学董旭午老师说要教会学生"摇头""串线""猜字""理丝""品嚼",这五步文言文教学法确实给我们很多启示,培养文言语感就得让学生自由自在摇头晃脑地诵读,读到有了感觉,体会到了文言语句的韵味,再顺势点拨归纳文言要点,万不可直接翻译语句,然后分析语法,把本来很有韵味的文言语句讲得枯燥无味,肢解得七零八落。我儿子小学时候读《史记》,没有人给他讲语法、讲句式,《廉颇蔺相如列传》竟然能通译,为此,我曾一度怀疑语文教师的存在价值!

　　积累文言词汇和学习传统文化常识要像古人串铜钱那样,一天天、一点点地串联起来,不仅在课堂上积累,而且在生活中随时活学活用,这样才有可能体会到文言文学习的快乐。文言词语,无论是实词还是虚词,大多是一词多义或多种用法,教师不妨引导学生大胆有趣地根据语境去猜测词语的含义,再查阅工具书来印证。不要急着让学生看注释或直接讲给学生,更不要逼着学生去一个个死记。这样长期引导学生,不仅可以夯实学生文言基本功,还可以让学生体会到自主学习、自我纠正的乐趣;文言文学习中还有一个重要任务是背诵,如果死记硬背,学生就会厌学厌背,事实证明,教会学生"理丝",在理清文章思路,梳理文章结构的基础上再来背诵,不仅有助于学生高效记忆,持久记忆,更有益于学生认识背诵的本质,并且提高语言的思维能力;至于体会文言之美,则需要教师引导学生去品嚼,从遣词造句到谋篇布局,从艺术技巧到作家风格,选入教材的多是经典范文,教学中引导学生用心与文本对话,与作家对话,用"扬弃"的方法去思辨、去感悟,文言文教学同样可以教文立人。

　　任何一种方法,要想运用自如,语文教师自身要有比较深厚的文言文功底和传统文化修养,这才是根本。

　　教师会教,学生会学,文言文,不可怕!

二怕周树人

　　这里,我先截取一段2017年10月8日凌晨我和2017届学生刘昱旻的微信聊天记录：

学生：胡老师，国庆上海游，我特意凭吊了鲁迅先生墓地与纪念馆，恰逢鲁迅逝世91周年系列特别展，高山仰止！我也在学校选修了孔庆东老师的"鲁迅小说研究"课，亦总算不负为您的学生！

老师：真好！

学生：爱您！

老师：还有李仕卫们去了北京的鲁迅故居！

学生：北京的纪念堂我尚未去，还有机会！

老师：黄志伟从武汉去的北京鲁迅故居！

学生：嗯！大家都没有忘记您的感染！

老师：是先生，让我们一起寻到了精神高地！

学生：看鲁迅先生的照片，感觉他的眼神从年轻时稚嫩的闯劲，到青年的迷茫坚持，中年的尖锐无畏，再到年老的沧桑平静，简直要把整个时代看进眼里！

老师：先生是冷眼热心肠！

学生：是啊！他对青年人的培育包容和对孺子们的关怀，没有第二个人再如此！

老师：早些年，先生是受进化论的熏染，后来才发现人会变虫豸！

学生：不过他依然在寻找培育与保护人之子的路上奔走啊！

老师：先生四处呐喊，有意无意中是想培养我们民族的独立精神啊！

……

学生：嗯，谢谢胡老师的情怀，若非您，我也不会对鲁迅先生进行更深入的了解，也无法被他的灵魂打动！

……

我在这则微信聊天的"这一刻想说的话"中写道："和我旻这么聊了聊，现在睡意全无了，我想，身为人师，什么才是教育的意义……"

这则微信，让我无眠。感慨之下我截屏发到了朋友圈，有57人点赞，

29人评论。朋友圈里的学生有人表明"我去了青岛的鲁迅公园""我去了绍兴""我去了虹口公园鲁迅纪念馆时穿的是拖鞋,面对先生,我好想找个地缝钻进去……"。有个同事前辈这样留言:"第斯多惠说'一个坏老师为学生奉送真理,一个好老师教会学生发现真理',你教给弟子发现真理的秘籍,当弟子发现真理的时刻想起你,这就是教师最接地气的荣光与幸福!"

从学生和老师的对话中,我们丝毫看不到学生对周树人的"惧怕",言语间我们感受到的是敬畏与觉悟。

回想这些孩子进高中我们第一次接触鲁迅作品的时候,他们也是一脸茫然,也都表示读不懂鲁迅的作品。当时我没有急于走进文本,我给学生讲了两个故事,一是我国企业家访问韩国车间,当我们的企业家盛赞别人企业管理的时候,一名韩国车间主任悠悠地说,可是我们没有鲁迅!另一个故事是2006年,我在华东师大学习时,与另一名老师一起到虹口公园参观鲁迅纪念馆、凭吊鲁迅墓地时的所见所闻:鲁迅先生的水泥墓地掩映在白玉兰之下,鲁迅纪念馆设施齐备,资料丰富,服务周到,免费开放,却空无一人,旁边的虹口体育馆恰好正在选秀,180元一张门票,却人头攒动,掌声雷鸣……我告诉学生,我和另一名老师得到了纪念馆服务人员的热情接待。当我们坐在公园湖边中日友好纪念碑下的长凳上听体育馆传来的阵阵轰鸣时,我们流了泪……我们有鲁迅,可时至今日,我们却冷落了鲁迅。我告诉学生,鲁迅去世时,先生灵柩上覆盖着写有"民族魂"三个大字的旗帜,我让学生思考,什么样的人堪称"民族魂"?在我的启发下,学生分组合作,以"走近鲁迅"为话题,搜集相关资料,做成专题,在以后的鲁迅作品教学中,我都会启发学生既要将作品还原到特定的写作年代去,又要知道:作家死了,作品还活着!我们今天究竟要从鲁迅的作品中学习什么?鲁迅对国民性问题的关注,在今天还有没有意义?鲁迅精神是否已经过时?……伴随着孩子们的阅历增长,心智成熟,鲁迅先生的正直、独立的人格、冷眼热心肠的气质、嬉笑怒骂的文风渐渐走入心灵深处。当这些学生走出大山,到外面去求学,都会第一时间自发结伴到各地鲁迅纪念馆去瞻仰先生,于是有了一段段与前面微信聊天大致相同的对话。

从不了解而陌生,到了解而敬仰,简单的"怕"变成了敬畏!所以当我们直面学生的"二怕周树人",我想,这世界上最遥远的距离当是人心的隔膜吧!融入了教师情感的教学引导,应当是缩小心灵距离的不二选择吧!

三怕写作文

照理说,写作文,就是用自己的母语写自己心里想说的话,可为什么我们的学生会怕写作文呢?除了缺乏观察,积累不够,不熟谙技巧外,我敢说,我们的学生怕写作文,其中还有很大的因素是受限太多,模式太生硬,教师太吝啬对学生的由衷赏识与赞美。

关于写作文的方法技巧以及各种各样的独家秘籍实在太多,可这些秘籍催成的除了那些千篇一律、言不由衷的考试作文之外,还剩下什么呢?可悲的不仅仅是写样板文章的学生和教写样板作文的老师,真正可悲又无奈的是我们的评价体系出了问题,却依然改变不了现状。如果有一天,我们的学生可以用自己喜欢的形式写出自己心里真正想说的话,不但不被社会随意棒喝,还能得到评判者多角度的赞赏,我们的社会有足够多的大学向这些作文异类敞开大门,那么,我们不自弃的学生还怕写作文吗?人,归根到底都有倾诉的需要,当写作变成了一种倾诉的需要,我们的作文教学就回到了正常的轨道,我们的学生面对写作文,就不会怕,反而更向往了!

无论是文言文,还是写作文,抑或是周树人,每一项都是文化,都是瑰宝。教育,可生敬畏之心,但切不可让人敬而远之。教师,就是带领学生走向知识、获得提升的人。前提是,你得有胆识,有眼光,还要有足够的智慧!

参考书目:

董旭午:《五个"教会"生活化语文背景下的文言文教读策略》,《江苏教育》2013年第34期.

第三章

高中语文教师的境界

以农人之心,培育情怀;不跪着教书,教育才有尊严。语文教师的境界,决定教育的明天。

不跪着教书

——两个教育案例引发的思考

要保住教育的尊严，帮助学生健全人格，教师就不能跪着教书，唯其如此，教育才有天空可仰望。

案例一

普通高中课程标准实验教科书语文必修Ⅰ中有篇课文叫《小狗包弟》，是选自巴金先生《随想录》中的一篇叙事抒情散文。文中提到的包弟是巴金一家收养的一条伶俐、可爱的黄毛小狗，但它是一条日本种的小狗，而且还有一位瑞典旧主人，在红卫兵开始抄"四旧"的时候，巴金生怕因此被说成是"里通外国"，忍痛将包弟送到了医院供解剖，之后巴金陷入了长期的自责和忏悔之中，于是巴老怀着真诚与良知，将这件煎熬了他十多年的事写进了《随想录》。

一位年轻教师在绘声绘色地给高一学生上这篇课文时，为了联系学生生活实际，引导学生与课文产生共鸣，让学生反思自己在生活中是否做过什么让自己自责和内疚的事，能不能也向巴金一样进行一次良心的忏悔，在经历了一阵沉默和挣扎后，班上有一个女孩陈述了自己曾收养过的一只流浪猫,如何在自己父母都外出打工了的情况下与自己朝夕相处、相依为命的故事,可是后来这只小猫因为得不到很好的照料,身上长了跳蚤,有了怪味,加上听别人说小猫身上有传染病会传染给她,于是她一次次把小猫送走,在小猫一次次又原路返回来后,她一气之下把小猫从楼上扔下去,给活活地摔死了。事后她总在晚上听到小猫的哀鸣,她甚至不敢一人经过楼下摔死小猫的通道,她觉得自己是一个自私冷酷的人,是个坏孩子,别人肯定不会喜欢跟自己交朋友了。于是这么多年来,她总是独来独往,心里郁闷极了,这件事总像影子一样跟随着她,现在上了高中,课业负担越来越重,晚上还是睡不好,有了问题也不敢和同学交流,她说她再也受不了,再这样下去,她非疯了不可……讲到这里,这名女孩泪流满面,浑身发抖。

全班一阵沉默,有人给这个孩子递纸巾,更多的人眼望讲台上的老师,渴望从老师那里得到救助。又是一阵沉默,只听老师缓慢而有力地说道:"我要是你,我宁愿被小猫身上的臭味熏死,我也不会那么残忍地对待它。人啊,你的名字叫自私! ……"班上一阵骚动,那名孩子由泪流满面变成了失声痛哭。班上好多孩子也哭起来了。在教室后面听课的我也坐不住了,我快步走上前去,一把搂住那名女孩子,我流着泪说:"孩子,不哭,你是好样的,你勇于解剖自己,你是诚实而善良的孩子,否则你今天就不会把这件事当着全班同学的面说出来,让我来帮助你,让我们一起努力把这件事忘掉……"下课了,那位年轻老师说应该让那位学生牢记教训,哭一哭就好了!

我在听课反思里写了一句话:哭一哭,果真就好了吗?

案例二

那是新校长上任的第一个周末,学样足球场因外租给其他单位作比赛场地,几名高二的男同学下课后要去开展体育活动,见时间已到而对方不退回场地,于是上前据理力争,在争执中双方发生了冲突,对方见学生人数多,打电话叫来了一些社会人员前来助势,眼看势态闹大了,学生打电话叫来了"110"，因对方请出了一些官场人物，警方在处理这件事时希望学生保持姿态，退一步，认个错，及早了却这件事……当这件事反映到学校行政办公会上时，校长说了如下几句话：我校学生素质很高，有主人翁意识，面对强暴不缩头，有法律意识，关键时刻知道通过法律手段解决问题，大人都不保持姿态，小孩子保持什么姿态！无论是谁出面，都应该给学生一个说法，政教处要正确处理这件事，不要伤了学生的自尊！

我在办公记录本上写下了一句话："教育，是有尊严的！"

反思一　教育，你的使命是健全人格

从事教育教学工作20多年了，我从来不怀疑教育有传授知识与技能等诸多使命，我只是越来越迫切地思考一个问题，那就是在应试教育依然稳坐江山的今天，怎样才能让我们的孩子能具备美好的人性，能像一个人那样地活着！

像人那样地活着，首先要有健全的人格。"健全的人格"是一个表达人的本质存在状态的新时代概念，概括来说，健全人格的理想标准就是人格的生理、心理、道德、社会各要素完美地统一、平衡、协调，使人的才能得以充分发挥。对于自身而言，其基本特征主要包括积极客观的自我认识，正视现实，对他人对社会具有理性认知，有健康的体魄，愉快乐观的情绪体验和积极向上的人生目标，有良好、稳定、协调的人际关系，独立的自我意识，有责任感和创造力，努力为自己的未来而奋斗，等等。从本质上说，健全的人格不是天生的，它的养成是一个艰难而漫长的过程。因为人格是一个人内在特质的总和，包括知、情、意、行几个方面。其中，知是指一个人的科学文化知识；情是指一个人的情感、情操、情趣；意是指一个人的意志品格；行是指一个人符合社会道德规范的行为。健康人格是指在各方面都处于优先状态下的理想化的人格，是各种良好人格特征在个体身上的集中体现。我国著名的人格心理学家黄希庭先生认为，"自立、自信、自尊、自强"这"四自",不仅是颇具我国文化传统的人格特征,也是健全人格的基础。虽说影响人格的因素比较复杂,但一般来说,人格的影响因素有三方面:家庭的作用因素,学校的教育因素,社会的实践因素。作为在学校里接受教育的学生而言,学校是通过各种活动有目的有计划地向学生施加影响的场所。学生在学校中不仅掌握一定的科学文化知识,也接受一定的政治观点和掌握一定的道德标准,学会为人处世的方式,形成着自己的个性。

　　教师是学校教育的主要承担者,优秀的教师是指引学生培养健康人格的灯塔,能适时走进学生心灵,帮助他们驱除黑暗、拨开乌云和迷雾的教师是学生的神,语文教师应当是思想者,语文课不仅传授知识与技能,还得担负起思想启蒙的任务。语文老师尤其要充分调动自己的教学智慧,机智、负责任、适时地引导学生在自立、自信、自尊、自强这些方面不断地健全人格。千万不能在学生主动利用教学情景来进行自我修正与完善的时候,教师一句不假思索、不负责任的评价就摧毁了学生的自信。试想,案例一中的那位女同学,在她开口说出困扰了她几年的心事时,她该是下了多大的决心,鼓足了多大的勇气,她多么希望说出来之后,能够得到某种程度的救赎,从而能够减轻自己内心的罪恶感,可能她还希望听到其他同学也曾犯过相似的错误,然后她还希望老师当时就向高度评价巴金的忏悔那样肯定她的诚恳,这样她就可以逐步挪开压在她心灵上的那块大石头,就能以轻松的心情去与人交流,从容地去应对自己的学业!没承想,老师脱口而出的一句话,就又一次从别人,尤其是自己的老师的角度肯定了她依然是一个自私、冷酷的人。尤其是一个十六七岁的最要脸面、最想赢得自尊的女孩,被这样当场棒喝,她怎能不失声痛哭?我敢断定,她一定不会像老师说的那样哭一哭就好了,那一节课后,她肯定更加不好。因为从此她可能除了童年的无知造成的阴影如魔相随外,她还得在卑微的自责中艰难挣扎。难道这是我们老师想要的教育效果吗?难道我们在引导学生仰望伟人高士的时候,就一定得让我们的学生跪下来,匍匐于地,甚至不惜给他们伤口撒上一把盐,这样才叫印象深刻、牢记教训么?什么时候,我们的每一位教师才能真正成为给学生包扎伤口、抚平创伤的理疗师呢?

每一位教师,注定只是陪伴学生走一段路的人,如果我们能够不跪着教书,能够以丰盈的爱心去帮助学生越过心灵的障碍,站起来,像个人那样,自信、骄傲、从容地去健全自我,完善自我,超越自我,那该多好!

反思二　教育,你的使命是重塑尊严

社科院博士生导师腾守尧,在他的《文化的边缘》一书中曾说过这么一句话:"每个有追求的人,毕生都在搭建一座庙堂,当这个庙堂搭建起来的时候,其中端坐中央的,一定是自□□□□之神。"作为一名教育工作者,我们每个人除了用理想和信念搭□□□□□□堂之外,还在无数的教学细节中潜移默化地帮助学生搭□□□□□□。当这些庙堂搭建起来之后,其中端坐中央的是不□□□□□生自己,他们一生最仰望的人,会不会是本人? 这要□□□□用什么样的心灵材料,以一种什么样的姿态去搭建这座庙堂。

要想不枉费心机,让学生成为站直的人和自我膜拜的神,我想除了要有宗教的虔诚之心外,教师就不能跪着教书,尤其是教育的领头人,就必须要有独立思考的精神,除了有先进的办学理念外,更要有自己的独立判断,不能屈服于权威,不能把官场陋俗引进学堂,不能板起面孔一味地进行传统的道德说教,因为在说教者的心目中,似乎只有道德规则,他们可以板着面孔说出一番大道理,他们缺乏对人性美的感悟,缺乏主体意识及对觉悟了的主体意识的起码尊重。案例二中的校长,如果没有自己独立的判断和真正的人文情怀,他断然不会肯定参与闹事的学生有主人翁精神,不畏强暴,有法律意识,如果该校长也像以往的领导一样,只要发生斗殴,就先训斥一通,然后写检查,请家长,甚至当众宣布处分等,试想,这样训斥出来的学生,会成为什么样的人? 还会有人去争取主权吗? 还会有人去据理力争吗? 当强权遭遇真理,还会有人站在真相一边吗?

任何一种职业都有自己的尊严，教师也要捍卫职业尊严，如果把教育当成可以随意使唤的仆役，不分青红皂白，只求息事宁人，这不仅是对教育这一职业的侮辱，也是对文明的亵渎。社会风气不好是事实，但是如果因为风气不好，就同流合污，那就是本身素质的问题了，不能全赖到社会风气上去，只有我们教育工作者站起来了，才能重塑教育的尊严，只有我们不世故，我们的孩子才不会"少年老成精"，我们首先得有铁骨教师，教育的词典中才配有"铸造"这样的词条！否则，我们只能教出一群精神侏儒，只能培养驯服的思想奴隶。如果教师是跪着的，他的学生就只能趴在地上了。到了这一步，还谈什么仰望，还谈什么尊严！

　　我渴望有那么一天，我们做教育的都能和自己的服务对象一起，像一个真正的人一样站立在这个世界上，每天，我们都能目送着我们的学生迎着朝阳，饮生命的酒而醉，而后幸福、从容地享受生命的每一段时光！

参考书目：

1. 吴非著：《不跪着教书》.上海：华东师范大学出版社，2004.

2. 许燕著：《人格心理学》.北京：开明出版社，2012年.

3. 高玉祥著：《健全人格及其塑造》.北京：北京师范大学出版社，1997.

活色生香是语文

2014年11月,我受贵州省黔南州教育局聘请,担任黔南州第五届高中语文优质课评委,在赛前评委集中的时候,大家都围绕着"什么样的语文课堪称好课"的问题展开了激烈的讨论。评委们各抒己见,又都莫衷一是,后来听了几十节课,根据评委的综合评分也照例评出了一、二、三等奖,可说实话,评选结果和我心目中的语文优质课标准并不是很对称。事后我花了很长一段时间来琢磨:究竟什么样的语文课才是优质课?这绝对是一个没有标准答案的问题。没有标准答案,也是必然的,因为教无定法,只要达到教学目的,通过教学提升了学生的语文综合素养,似乎都是可行的,但语文作为一门独立的学科,其教学总是有规律可循的。在语文教学的评价上,也是有共性存在的吧?后来我接触了北京四中刘长铭校长关于"好课"的"四有"理念,结合自己20多年的语文教学实践和观摩,通过反思和参悟,我认为"有知识、有方法、有生活、有境界",确实是一节语文好课高度概括和独到见解。"有知识",这确乎语文好课的基本要求。语文课要有什么属于语文的专业知识,教师对专业知识的讲解与传授要精准,而且要讲究方式方法,要根据学生的认知实际,因材施教,触类旁通,这些都是一节合格的语文课必备的东西,传授语文知识的好课,仅有这些还不够。教师对知识的传授不是讲得越多越好,要在讲得精准的基础上讲得精炼,讲得精彩。我们学校提倡"概念教学",要求各学科在教学中着眼于给学生讲清楚基本概念,以基本概念为中心,不断运用概念引申概念,从而加强学科知识内部的联系。语文作为人文学科,也有概念教学,而且对概念的讲解不如自然学科那样直接、理性,得深入浅出、生动形象。比如对偶与对仗的区别、借代与借喻的区分,以景结情的表现形式,以及格律诗中的平仄等,这些知识,仅靠简单的下定义,对语文知识的学习与运用是没有多大意义的。但怎么讲,讲到什么程度,也得有分寸,有时还不能面面俱到、旁征博引,因为"少则得,多则惑",不能灌输太多,还得给学生消化的空间与时间。总之,知识要讲,但不是对知识的简单陈述,不是课本搬家,更不是讲标准答案,而是讲得精当,讲得精彩生动。

只有知识的语文课还称不上好课,因为知识很多时候是"死"的,只有加上方法,语文知识的学习才"活"起来,所谓"授之以鱼,不如授之以渔",与其把学生当成知识的容器,不如教给学生打开知识宝库的钥匙,何况语文课堂教学的时间是有限的,而学生语文综合素养的提升仅靠课堂上教师的传授肯定是远远不够的,因此,方法在课内,精彩在课外!课堂上引导学生掌握阅读的方法,审美的途径,鉴赏的思路,学生就会在课外有效阅读更多的书,走更远的路。现在我们身边有不少教师,语文课上讲方法似乎就只有答题技巧,传授的似乎就是得高分的绝招,一旦考完了试,学生对语文的印象就缺失了。答题技巧当然也是方法,但功利性将会把语文学习引向死胡同。与其仅限于传授得分秘籍,不如引导学生自己悟出规律,最好形成学科思想,让学生悟出方法和形成学科思想是教育更高超的技艺。方法是解决具体问题的,而学科思想是可以移植,应用到其他领域的,是触类旁通的方法,是认识和解决问题的普遍方法。因此,学科思想是比方法更高一层的东西,是"道",而不仅仅是"术"。

有知识、有方法的课一般情况下就算得上"好课"了,但长此以往,我们的语文课真的会演变成"老北京的叙说",会缺少生机与活力;又长此以往,我们的语文课就极有可能被"边缘化"了,就变成了学生心目中的"副科",究其原因,是我们的语文教学与学生的生活脱节了!其实人类创造知识的目的是改善生活,使生活更加美好,更加有意义,而不仅仅是考试和个人发展。仅仅把学知识和考试挂钩,这是一种价值迷失! 因此,一节好的语文课,除了关注知识,还要广泛联系与知识有关的生活现象,要让学生在掌握知识的同时,理解知识的意义与价值。价值引领并非考试导向的知识教育;会使学生获得主动发展的不竭动力和热情,会避免教育的短视倾向;如果能在语文课堂上有意识引导学生关注知识在生活中的用途,了解知识在改变人类生活中的作用,激发学生运用知识来创造和改变世界的欲望和热情,那么,我们的语文课就会在潜移默化中以一种润物细无声的方式培养学生的社会责任感,也只有这样,"立德树人"才不会沦为空洞的说教。

有了生活的语文课,方可呈现活生生的景象!

如果语文课上,教师能把学生引领到精神层面上,能帮助学生运用知识搭建精神诗意栖居的小屋,那么这样的课堂就上升到了有境界的高度。将语文课上得有境界,首先是教师要有境界,教师的境界反映了教师对待生活、社会和世界的态度,反映了老师的职业操守与职业精神,反映了教师对理想和崇高的追求。放眼现实,越来越多的人会倾慕那些"搞到事"的人,追求崇高似乎成了愚弄毒化心灵的鸡汤,但历史上从来不缺少以卑鄙为通行证为自己谋私利的过客,那些以高尚作为墓志铭的高尚引领者,终将被人类铭记,获得崇高感是人类最高的奖赏!

语文教师的境界在课堂上的自然展现,会生发出迷人的光芒,会引领、感召更多的学生提升境界。

一个好的语文课堂,应当是充满正能量的课堂,是充满了热情与憧憬的课堂,是情感激荡和心灵互动的课堂,是将精神和人格引向高尚的课堂,是一朵云推动另一朵云的课堂。这样的课堂,不只有眼前的苟且,还有诗和远方!

有知识、有方法,课堂就有了血肉;有生活,课堂就有了景象;有境界,课堂就有了灵魂。四者皆俱,语文课堂就能散发迷人的芳香,如此,语文就有了活色生香。

我愿是农人

——警惕教育的工业化倾向

2018年元旦前夕,我们学校为了实现战略转移,从城区搬到了30千米外的新开发区,远离了城市的嘈杂与喧嚣,心一下静了,时间一下也充裕了。于是,埋藏在心底的泥土情节给释放出来了,我和几位志同道合的同事租种了附近农民的一亩多田地。回归泥土,让我们踏实兴奋,也让我们真切体会了什么是"晨兴理荒秽,戴月荷锄归"、什么是"草盛豆苗稀"……大家都不服输,于是和那一亩三分地较上了劲,一开始是密植,所有的种子下地都是密密麻麻,不留空间,生怕长不出来或者收获不丰。既而是"爱之太恩,忧之太勤,旦视而暮抚,已去而复顾,甚者爪其肤以验其生枯。摇其本以观其疏密",再后来是听之任之,美其名曰:佛性种地!一年多的时间过去了,大伙反思总结,终于在我们的田野上看到了希望……

脚踏湿润润的泥土,回望种地的点点滴滴,我突然想起叶圣陶先生的话:"教育是农业而不是工业!"

教育和种地,虽是不同的两个问题,但有很多的相似性:一是农业和教育,两者的对象都是鲜活的生命,每个生命都有特殊性,都应特殊对待。泰戈尔说:"教育的目的应当是向人传送生命的气息。"每个生命都是独一无二的,树有树的美,花有花的香,万物各成其美,萝卜和白菜、玉米和豆角,都各有喜好。人，作为万物之灵，更是如此，当我们每个人都从内心欣赏自己，欣赏别人，生命才会绽放最美！

教育，就是为每个生命的成长创造适宜的环境；教育只有回归生命，才能真正起到教化的作用。

二是农民种地和教育人，两者都需要精耕细作，耐人等待，慢慢欣赏，方能收获硕果。教育既是传统农业的精耕细作，就要根据不同作物的生长规律，创造优越的环境条件，用一颗能关注和关爱生命的期待之心，不断地满足它、顺应它、引导它、发展它，假以时日，作物才能茁壮成长。农民种地，从播种到收获，耐心观察生命由无到有，由小到大，由弱到强的演变，即使是矮苗、瘦苗也精心呵护，久不放弃，怀着惊喜的心情期待每一种植物的成长，直到硕果累累。教育，理当如此！遗憾的是教育有时跑得太快，少了一份等待！

三是农民和教育的对象可塑性都较大，都是受环境因素的影响，都要根据不断变化的环境特点，寻找最佳时机，创造最好的条件，满足其健康发展的需要。都说"没有不会学的学生，只有不会教的老师"，如果每一位教师都能从每一个学生成长的环境分析入手，采取不同的教育手段，因势利导，陪伴呵护并随时调整教育的方式方法，那么，我们的教育园地里或许就会少了很多杂草与弱苗，你会发现，每一个受教育的主体其实都有长成参天大树的可能。

这里所说的环境是指教育环境，既包括客观的社会环境，也涵盖影响受教育主体成长的家庭、学校环境，重视环境教育历来是备受关注的教育研究课题。

"春种一粒粟，秋收万颗子"，这本是教育应该遵循的发展之道，但放眼当下的教育，在很多时候，很多层面，我们都自觉不自觉地把教育当成做产品，强调各司其职的零部件生产，表面上是各自负责一块，实质上是割裂了教育环节之间的连贯性和整体性，把师生之间的关系演绎为工人与车床对零部件的冷漠。教育教学中讲究标准化，喜欢一刀切，教育变成了标准化的流水作业,似乎几个工人,掌握了技术,就不必担心生产不出好产品来!而且还喜欢外表的华丽与热闹,讲究包装,把本该实实在在的教育教学演绎成一场场运动,热闹过后,繁华落幕,徒留一地鸡毛!

走过了一定的岁月,跟踪了一批又一批不同教育形态走出来的学生,回望审察我们的教育教学,我们不得不从心里承认,教育是种庄稼,而不是做产品。教育要走农业化的发展道路,而不是朝着工业化模式去发展,因为二者之间有着本质的不同,培养出来的人也是天差地别。正如吕叔湘先生所言:"教育的性质类似农业,而绝对不像工业。工业是把原材料按照规定的工序,制造成为符合设计的产品。农业可不是这样,农业是把种子种到地里,给它充分合适的条件,如阳光、空气、水、肥料等等,让它自己发芽生长,自己开花结果,从而满足人们的需要。"叶圣陶老先生对此极为认同,他说:"之所以教育是农业,绝不是工业,是因为受教育的人的确跟种子一样,全都是有生命的! 所谓办教育,最主要的就是给受教育者都提供充分的合适条件,让受教育者自己发育、自己成长。"

正如叶老所说,工业原料没有生命,可以任凭你随心所欲,按照模板制造即可。就像泥人师傅用模子按泥团一样,做出来的泥人都是一模一样的。可是我们的学生绝不是无生命的泥团,这种生按泥人的教育必败无疑。

就目前学校的课程模式而言,不可避免地带有工业定制生产的色彩。有规定的教学内容和进度,尽管如此,我们也知道每个学生对相同的课程有不同的理解。角度不同,程序不一,有些顿悟,有些渐悟,都有不同的知识建构和内在节奏。因此,在较为刻板的课程安排之外,一定要给予学生个性化的发展空间和考量。因为只有在自由的时候,人的本性才能得到最大的舒展,也才会迸发出惊人的学习能力。

科学家们分开头盖骨的实验,证明了这个道理。人的头盖骨结合得非常细致紧密和牢固,科学家们用尽了一切的办法,想把它完整地分开,结果都以失败告终。后来有人想了一个办法,就是把种子放在头盖骨中,给它适宜的温度和水分,让种子发芽。发芽的种子以惊人的力量,将一切机械力都不能分开的骨骼,完整地分开了。这个过程中,种子到底何时以何种方式发芽,科学家是不可能预定的,唯一能做的,就是给予充足的条件,让它们自由生长。

都说老师是园丁,这其实就告诉了我们,教师要走农业发展的道路。要想让花园里的每一朵花儿都开放。就得浇水、施肥、精心呵护,同时还要懂得"顺木之天,以至其性"的含义,尊重每一个个体生命,遵循生命成长的规律,允许个体差异的存在。反之,如果一味以工业化的尺度进行考量,很可能会将天才当作傻人看待。爱因斯坦不就是这方面的典型例子吗?

教育像农业,但比种庄稼要复杂得多,直接把学生往模子里套更省事,既然做别人的老师,就不能图省事;既然是园丁,就得养育生命、塑造灵魂。

德国著名哲学家雅斯贝尔斯在《教育是什么》一文中说:"教育是一棵树摇动另一棵树,一朵云推动另一朵云""教育是一个灵魂唤醒另一个灵魂",唤醒是春风化雨的从容,是顺应天性的淡定,是静待花开的守望。

我愿在我的一亩三分地里,耕耘、守望!

我愿时时警诫自己,有所为,有所不为,不管什么时候,这都是一名教师的大作为!

语文教师的家国情怀

——听邹越老师演讲有感

"现在的中国人已经不太像中国人了",这是邹越教授在演讲中提到的一句话。这句话让我震惊,随即陷入沉思:中国人,什么样? 现在的中国人为何不太像中国人了? 怎样才能做一个像样的中国人? 作为一名教育工作者,作为一名语文教师,我们该做些什么?

中国是传统的礼仪之邦,中国人有自己的做人准则与信仰,从"温、良、恭、俭、让"到"老吾老以及人之老,幼吾幼以及人之幼",无数的先哲在指引着一代代的中国人搭建我们自己的人格庙堂。穿越厚重的历史一路走来的中国人,展现在世人面前的本该是一个集忠孝仁义于一身的谦谦君子形象。也许是太急于改变一穷二白的落后面貌;也许是随着竞争的日趋激烈,我们的生活变得越来越匆忙,越来越市场化,以致我们竟有意无意忽略了人生一些更重要的事情。也许是物质欲望的无限膨胀,使我们的精神空间产生了钙化。又或许,是我们太过于含蓄,吝啬了我们的表达……我们总是太忙,忙于追逐非主流的脚步,忙于矫情应付西方的各种洋节。忙,让我们变得浮躁,变得迷失了自我;忙,让我们甚至来不及严肃地思考:我从哪里来? 要到哪里去? 我的根在何处。忙乱中我们甚至忘了爱惜自己,关爱亲人,我们会视师长的奉献为当然,我们以为我们会有长长的一生来慢慢报答。作为教育工作者，我们总自以为是，总以功利的目的来附会教育的本质，我们会在无意中以爱拒绝了爱，我们以为一切天经地义，无须表达。殊不知，爱祖国、爱师长、爱父母、爱生命，这是一个多么值得时时关注的朴素而又严肃的问题。教育的最高境界其实是用爱来征服灵魂。爱，它是一个饱含深情的行为动词。它需要我们用行动去引领学生明白一个简单的道理：生而为人，首先要学会做人，心中有爱，懂得自爱，能够爱他人，才能成为对社会有用的人，才能立足于世，为自己和他人创造更美好的生活。爱是万善之源，爱自己，爱家人，爱人间，怀有感恩之心，能够承担人生责任的人，才配称之为"人"！

当我们自己，连同我们培养出来的学生，都配称之为人，我们的信仰就得到了回归，当我们把这一粒信仰的种子植根于民族的土壤之中，我们就有希望收获繁花似锦的满园春色，当我们仰望这一片似锦繁花，我们就会由衷地感叹：中国人，真棒！

第四章

学生的精彩才是课堂的精彩

作为一名中学语文教师,于每一个学生而言,注定也只是陪伴他们走一段路的人,但恰恰是这一程的陪伴,让我见证了精彩,见证了成长。精彩着学生的精彩,幸福着学生的幸福,我由衷地感到真实与美丽!

学生的精彩才是课堂的精彩

——"少教多学"在高三语文复习课中的策略探究

　　学生是课堂的主人,这一点,随着课改的推进,已不仅仅是观念的转变问题,而是如何落实与推进的问题。放眼高中语文课堂,老师们在进行新课教学时,都在各施其能。走在课改的探索之途中。但只要我们稍加驻足与留意,就会发现,原本最应该体现主体教学的高三语文复习课,竟有不少教师有意无意地回到了"满堂灌"的模式中,于是"老师讲得唾沫四溅,学生睡倒一片"的景象随处可见,甚至"蔚为壮观",这样的复习课不能说毫无效果,但肯定效果不佳。作为一名长期带领学生参加高考的中学语文教师,我迫切地思考这样一个问题:高三语文复习课要不要创建高效课堂? 如果要创建高效课堂,出路在哪里? 有没有一些可以互通的策略值得共享呢?学科的特点,现实的忧虑,让我们倍感已经输不起,于是有了以下一些探究和认识。

一、教师"少教",着力搭建"脚手架"

　　语文学科自身独具特点,语文学习是一项长期艰苦的工程,因为它范围广、战线长、投入大、见效慢,尤其是应对高考的高三语文复习课,更是头绪多、材料杂、考点碎、题型新，面对这些情况，在备考复习中，经常有人手忙脚乱，眉毛胡子一把抓，但究其效果，语文成绩却让人深感差距不大，学与不学差不多，于是有学生干脆淡化、弱化了语文学科的学习，任其自然，所以作为基础学科的语文学习，逐渐被边缘化了，究其原因，有我们老师在其中越俎代庖地添乱，无形中占用了学生自我沉思、自我归纳总结、自我提高的时间，甚至扰乱了学生的思绪，影响了学生自主学习的正常进程，所以，高三老师忙了、累了，但学生却不领情，这其实是不争的事实。

著名教育学家夸美纽斯在其著作《大教学论》中曾提出一种伟大的教育理想：找到一种方法，使教师因此可以少教，但是学生可以多学；使学校因此可以少些喧哗、厌恶和无益的劳苦，独具闲暇、快乐和进步。

是啊，换一种方法，让学生忙起来，成为学习的主人，让老师由台前主讲转为幕后指挥，由代替思考转为陪伴成长，由一手操办转为引领创建"脚手架"，让学生通过脚手架平步高升，去摘星揽月！这，其实不仅仅是理想，更是教师的一种职责和本分。联合国教科文组织国际教育委员会在《学会生存》一书中曾经指出："教师的职责现在已经是越来越少传授知识，而是越来越多地激励思考。除了他的正式职能之外，他将越来越多地成为一个顾问，一位交换意见的参与者，一位帮助发现矛盾论而不是拿出现成真理的人。他必须集中更多的时间和精力去从事那些有效果的和有创造性的活动，互相影响、讨论、激励、了解、鼓舞""我们应使学习者成为教育活动的中心，随着他的成熟程度允许他有越来越大的自由，由他自己决定要学习什么，他要如何学习以及在什么地方学习及受训。这应成为一条原则"。作为"顾问"的高三语文教师，面对成熟程度优先于高一、高二的高三学生，只有走出"满堂灌"的泥淖，走"少教多学"的道路，才能解放学生，从而解放自己。

"少教"是为了给学生开发更广阔、更自由的空间，从而促使学生在这样的空间中掌握更开放、更自主、更科学的学习方式。"少教"并不是不教，而是更高质量、更高技术含量的少教。少教，意味着教师要教在点子上，教在学生似懂非懂的最近发展区，要教得精要、好懂、有用。

那么,高三语文复习课,教师要教什么,怎样教,才能实现课堂效率的最大化呢!

　　首先,教考纲。高考考什么,怎么考,这是高三语文复习课教学的目标设定原则,也是我们低头"拉车"之时,必须抬头所看之"路"。高三语文复习课带有明显的目的性和功利性,其最主要的目标就是高考,这是毋庸置疑的,高考之高效就是课堂的高效目标,离开了高考之效的复习课是没有资格谈论"效"的,更不要说什么低效高效了。至于"高考考什么?""怎么考"的问题,当然依据当年考纲、考试说明和考题样式。依据考纲确定考点,明确"考什么"的问题,依据考试说明和考题样式,明确"怎么考"的问题,教师不仅要将考纲烂熟于心,也要引导学生熟悉考纲,只有这样,教师的目标设置才能得到学生最明确的回应,而学生无论课上还是课下向老师提出的问题才不至于信马由缰,这样的教,才算是教到点子上,因为目标的明确是高效课堂的前提。

　　其次,教概念。概念教学是一项重要的教学内容,复习课中,教师将学科考点中抽象的基本概念讲清讲透,这是基本的教学要求,可惜现实教学中,有许多教师宁愿花很多时间去给学生讲十道题,也不愿深入钻研,全面剖析去向学生讲清楚一个概念的内涵及外延。比如古诗鉴赏这一考点,一直是学生丢分最多的一个点,教学中老师往往会发很多的题目给学生做,然后一首一首给学生讲解,然而,一旦离开老师的分析,学生就无从入手,就答非所问,茫然不知所措了。如果教师能从概念入手,结合考点,先跟学生讲清楚什么是形象,人物形象和景物形象、事物形象有什么不一样;什么是表达技巧,其中的表达方式指什么;修辞手法有哪些,如何鉴赏每一种手法的运用及效果;什么是渲染,什么是烘托,二者之间有何区别……在讲清了概念之后,再将诗歌题材类型化,辅之以典型例题的精讲精练,效果一定会好得多,也就有望将"事倍功半"转为"事半功倍"了。

　　值得一提的是概念教学不能从抽象到抽象,否则就不能真正实现"少教",只有教在学生的"最近发展区",才能实现"少教高效"。什么是"最近发展区"？按照苏联教育心理学家维果茨基的理论,儿童的发展有两种水平,第一种称为现有的发展水平,表现为儿童运用已有的知识和经验独立完成任务;第二种称为"最近发展区",是一种准备水平,表现为儿童还不能自行完成任务,需要经过启发和师生共同努力才能逐步完成。这一理论同样适用于高三学生的复习教学,即学生已有的知识和能力教师不要再去喋喋不休地讲,否则就是浪费学生的时间,对于那些学生似懂非懂,需要老师启发、点拨才能弄清的问题,才需要老师有针对性地去讲,这就是古人所说的"孔子、孟子汲汲所以教人者,在其不可得而知,而其可得而知者,不详论也"。①

第三,教方法。"授之以鱼,不如授之以渔",知识是储备,方法才是打开知识仓库的钥匙,语文高考复习中,会涉及大量的材料,知识的覆盖面上通天文,下及地理,横贯中外,融古通今。如果在复习课上,教师与学生只陶醉于这些材料中,自然也可以获得精神上的审美愉悦,但未必能将这些知识转化解决问题的能力,没有学科能力,也就不能在学科综合素养考试中胜出。因此,在每一个板块的复习中,教师只需花足够的心思去备课,花尽量少的时间去精要讲解各种题型的答题方法,包括审题、看分答题、答题步骤及技巧、踩分点,尤其是规范答题的具体操作方法,学生就会从老师那里真正学到精要、易懂、有用的东西。

钻研考纲到位了,概念讲透了,方法掌握了,高三语文复习课的"脚手架"也就搭建起来了。"脚手架"搭好之后,教师就要放心大胆地置身一旁,以陪伴者的姿态、赏识的目光去关注学生的自主攀缘。

二、学生"多学",实现效益最大化

"少教"是为了"多学","多学"并不是一味延长学习时间,以牺牲休息

---

① 见苏辙《新论下》,意思是孔子孟子所迫切地教给别人的知识,是那些难以懂得的,而那些不难懂得的知识,他们是不详细讲授的。

时间,损害身体健康为代价的苦学,"多学"是学会学习,学得更多,高三语文复习课如果能让每一个孩子带着好奇心,睁大探索之眼,去发现一个个未知的世界,能在老师的带领下,自主地、主动地去吸收、去发现、去探索,能从熟能生巧到举一反三,再到无师自通,乃至融会贯通,能将学到的知识运用于生活和工作实践。当然也包括运用到高考考场上,那么,这样的复习课堂就是有效的课堂。

怎样才能让学生在老师"少教"的前提下,达到"多学"的目的呢?

首先,教师要给学生创设更多的学习条件,给学生更多的尊重与关怀,给学生充分的发现和质疑的时间和空间,给学生更广阔的实践和展示的舞台,减少对学生的束缚和限制,真正实现"以学生为主体",解放学生学习"生产力"。让学生行动起来,去构建自己的知识体系,去完善自己的能力结构,去实现自己的美丽梦想。综合"教"与"学"的实际,在"少教多学"的理念支撑下,教师的"教"与学生的"学",课堂时间分配比例大致在1:3或者1:4的范围,有这样的时间保障,才有"多学"的空间保证。

其次,要让每一个学生尽可能多地动起来,这是实现高三语文复习课堂高效的途径。这里所说的"尽可能地动起来"包括两层含义:一是指让尽可能多的学生参与到复习课堂中来;二是指让每一个学生尽可能多地参与到复习课堂中来。教师要想方设法,创设情景,把握节奏,适时调节课堂情感温度,"滞者导之使达,蒙者开之使明",[①]尽可能多地让每一个学生参与到教学中来。如果有一天,我们的语文复习课堂上,每一个学生都能头顶灵光,面带笑容,神采奕奕,从容有序地投入每一个复习的环节,何愁复习课堂没有生机呢?通过学生在课堂上动起来的途径让所有学生学有所获,这便是语文复习课的最高效能。只有让每一个学生尽可能多地动起来,才能实现"多学"的目的,才能在老师的概念教学和方法教学的基础上达到高考规定的时间范围内最大可能地提高准确率,从而实现复习效率的最大化。

---

① 见欧阳修《夫子罕言利命仁政》,意思是思想阻滞的,要引导他,使他通达;思想蒙昧的,要启发他,使他明白。

教师带领学生进行高考复习,犹如农民插秧,有人把秧苗插得密上加密,以为秧苗插得越密,就会收获越多,但最后却事与愿违;有人将插秧改为抛秧,摆脱了面朝黄土背朝天之苦,姿态优美地抛出秧苗,却带来了丰收。为什么"勤劳"没有得到相应的报偿,"悠闲"反而享受丰收的果实? 细想想,密植插秧固然灌注了人们的丰收意愿,却破坏了秧苗自由生长的规律,反之,小块状抛秧,为秧苗分蘖、生长提供了充足的空间,保护了它的自然生长。高三语文复习课,尤其要遵循学科规律,走"抛秧"道路,以"少教多学"为突破口,才能实现课堂的高效,如果只是为了赶复习进度,图省事而"满堂灌",那么任你讲得"天花乱坠",学生只想打瞌睡。试问,到了这一步,还有什么课堂效率可言? 毕竟,高效课堂的衡量标准是学生的精彩才是课堂的精彩。

参考书目:

1.联合国教科文组织国际教育发展委员会编著:《学会生存　教育世界的今天和明天》.华东师范大学比较教育研究所,译,北京:职工教育出版社,1989年.

2.[捷]夸美纽斯著:《大教学论》.傅任敢,译,北京:教育科学出版社,1999年.

晴空一鹤排云上

我始终相信,教育就是用一朵云去推动另一朵云,当语文教学的每一个环节有了情怀,学生笔下的每一个文字便有了温度。

在学校一年一度的"校园艺术活动周·原创诗歌大赛"中,我的学生们本着对文字和校园文化的热爱,用诗词滋润丰厚的心灵,诗情碧霄,芬芳了青春岁月!

2017届高一(1)班莫青青在《一中赋》中写道:

东山苍茫,剑水汤汤。巍巍学堂,世纪传扬。钟灵毓秀,东方胜景揽八方。五湖四海,学府百年聚华光;极目卓尔,日出东山之上,扬熹照四野。胸怀山川之灵,孕紫气八方。感斯情景,歌赋绵长。

槐序过半,鸣蜩在即。山水钟灵,幽篁秀石。曦霞相被,笙箫所归。日光下澈,树影疏朗。轩堂素雅,几净明窗。书声琅琅,翰墨书香,溯明延今仍芬芳。抚今追昔,咸集少长,清流激湍水流觞。承蜩之志,用心专而不分;格物致知,必求穷其真理。

察远照迩,雏凤初鸣。冬梅夏柏,傲骨留香。立志崇实,卧龙腾蛟而化凤,鹏程万里。志存高远,庠龙苦卧寒窗雪,数载业成。物换星移,一举成名天下知。风起黔边,洪波正涌起。日照山西,传赞气风发。云卷云舒,聚山河华茂。珠明耀熠,萃日月星光。

昔日辉煌,已存青简。鹤楼南皋,昔者惊涛。文典高阁,今然毓秀。桃李纷飞百十载,风雨砥砺铸辉煌。春华秋实铺锦绣,河光山色书华年。微醉含笑赋新篇。

乙未年庚午

一代又一代的一中人,以"立志、崇实、担当"为己任,桃李春风,春华秋实,共创百年一中新辉煌!青青同学激情创作的诗篇荣获"都匀一中2016年校园艺术节诗词创作大赛一等奖"。

高中时代的青青苦于数理化的学习,是文字,让她找到了心灵的栖息地;是老师和同学信任和欣赏,让她洋溢着自信,找到了方向!

2019年5月,一年一度的校园艺术节如期而至,高一(1)班和高一(4)班的孩子们在诗歌散文创作大赛中表现不俗,字里行间流露的真情,彰显的语言、思维、审美鉴赏与文化这些语文的核心素养,既是课堂的自然延伸,又是对所学知识的运用与检验。这些作品的展示,引来师生的驻足,也惊艳了校园。

南乡子·一中诵

2021届高一(1)班　罗成铠

勇立潮沿,遍洒桃李咏圣贤。鹤楼南皋星汉聚,青衫,坐拥峦原清水畔。

壮志当前,展翅鸿鹄岂还愿?膺怀治国兴盛向,夷汉,才子佳书万古传。

燕山亭·颂一中学子

2021届高一(1)班　梁蕾蕊

浩瀚银河,星巢闪耀,一中新生起航。天戴其苍,地履其黄,难掩乳虎锋芒。汪洋恣肆,又多少鳞爪飞扬?痴狂,看骁勇战狼,披荆斩棘。

敢于山河较量,这少年,何曾推却彷徨?千古风云,四海八荒,知他来日方长。怎不呐喊,震万壑嶙岩巨浪。担当,挺中华未来脊梁。

新一中赋

2021届 高一(1)班 龙璇

戊戌孟春,春和景明,明光万顷,万里鲲鹏辞旧,百载一中更新。

红日初升,其道大光,紫气东来,万千气象。逦迤山峦,清水江畔,树木蓁蓁,玉露玎玎。若夫日出而云霏开,光风霁月,楼瞳如霓。至夏,鹤楼南皋,书香缭绕,绿杨婵媛,缦回廊腰,菡萏婷婷,宠辱不惊。曦入人定,蟾宫初静,明星荧荧,烺烺乎如人间阆苑,嫽嫽乎若尘世琅嬛。

佳载郁乎苍苍,民国十六,旗整开张。施教优优,双管齐下,教学相长。教以立德,育之树人,崇实黜华,武而重文,海纳百川,包罗万象。志之高远,胜于万里鲲鹏;洁之气质,不若淤中夏荷;坚之品格,胜于寒之松柏;容之广博,怎若浩渺星河?文醇而韵远,历久而弥新。

竣乌未至,而书声也袅袅;漏断已过,而学子也仍劳;酷暑仲夏,百鸟懈鸣,而莘莘也相勖;寒冬腊月,猛虎怠捕,而雏鹰也矗矗。格物致知,修身克己,博学于文,约之以礼,明德至善,尊师重道,厚德载物焉。

日出东山,朝晖意暖,扶摇直上九万里,潜龙腾跃踏云霄。

新桃花源记

2021届 高一(4)班 谢颖

自明以来,学者致力于学。缘道行,忘路之远近。忽逢桃花岛,四面竹树环合,青树翠蔓,芳草滴青,蒙络摇缀,可爱者甚蕃。学者甚喜,复前行,欲入其岛。

初入大门,微微颔首。辉煌巨石,立于云梯之巅;鹤楼南皋,惊艳于侧,甚惊甚喜。复行数百步,恍若天庭。学堂俨然,镜清心静,谈笑有鸿儒,往来无白丁。君子博学,师亦德馨。

见学者,莞尔,问所从来。具答之。便要对弈赋诗。岛中闻有此人,咸来比贤。自云少时嗜学如痴,闻桃花岛之美名,喜桃花岛之清境,于此求学,然心存浩瀚,喜不尽言表。停数日,心属此,则学于此也。吾曰:"足以为外人道也。"

千般善学,以此为梦;万里跦躞,以此为归。

渔家傲·一中

2021届高一(4)班　徐锦瑞

天光起于东方处,落红悠悠风中舞。莘莘学子韶华度。正扬帆,长风破浪沧海顾。东山脚下暮雪去,清水江畔朝花出。百载名校新征途。人休住,未临绝顶莫回顾!

临江仙·一中歌行

2021届 高一(1)班　刘美

龙山巍巍屹黔州,钟灵英杰聚合。清江滚滚揽乾坤,遨游匀城中,扬帆踏歌行。

万紫千红临校园,携来百许流光。芳菲旖旎满一中,恰同学少年,意气扬眉间。

一中,一中

2021届高一(4)班　姜丁文

莲亭亭　曦色朦

夏日迟　草木秾

南风留情隐于皋

鹤衔书卷入楼中

灼灼校歌唱得骄傲

从日出东方到清水飞虹

深深　风风雨雨多少梦

浓浓　走走停停

多少情钟

行走中多少阻碍

哪管　不管　前冲

换多少成功感慨

烈日里追寻哪一片海

那一片海

不等隆冬皑皑

一直在路上

老校啊老校

问：苍苍百载

不舍　多少学子

迎接　多少未来

蝶恋花

2021届高一(4)班　黎勇

总是春风把绿吹

桃李开时

燕往何处飞

飘零落红难胜水

谁掌沉浮谁枯萎

或问学途何日归

百花谢了

方把日月追

莫欺年少无所为

待看谁败谁争辉

新一中吟

2021 届高一(4)班　王芷嫒

东山脚下,剑河之畔,百年芬芳,长存经世。清水河畔,桃花之乡,丁酉之年,移迁于此,民生所愿,凤愿共享。举八方之力,铸一方学堂。历史悠悠,物换星移,百年一中,时梦辉煌另起处,莘莘学子搏未来。应时代号召,响时代号角,踏时代征程,圆时代之梦。

日出之时,晖光万丈;日落之时,如换霓裳。鹤楼南皋,经久传香,沁园荷畔,书声琅琅。桃李百世,不忘初心,牢记使命,谱写诗章。立志当下,放眼世界,崇实担当,传承嘉赏。为己,则以意志品格为本;为家,则以崇实担当为根;为国,则以着眼未来为任,领跑时代,圆中华之梦,创人类辉煌。

余虽文笔辍之,凋言败语,因感斯于情,以微言歌赋,饱含情脉意,抒一时之慨。

观一中

2021 届高一(4)班　赵厚望

东临清江,以观一中。

地隅阔极,气度恢宏。

楼亭林起,势若松柏。

幽篁静谧,学子步匆。

紫气东来,毓秀灵钟。

闲集少长,材出其里;

胸怀家国,志出其中。

幸甚至哉,歌以咏志。

赠 我

2021届高一(4)班 周晨阳

赠我一段华年

赠我一片天

赠我崇实与担当

赠我奋起与少年

赠我今天来开拓明天

赠我心之所向的不变

赠我渊博的学识与百年的魂

赠我可预知的眼

赠我一路的磊落

赠我同行的伙伴与难忘的笑颜

赠我最初走向最终的果敢

赠我不问西东的执念

赠了我的小船一江清水啊

一中

渡着我去梦想的彼岸边

点评:透过诗句,我仿佛看见,在秋日的晴空中,一群群振翅高举的鹤,排云直上,矫健凌厉,奋发有为,大展宏图!

精彩在课外

卓有成效的语文教育总是功夫在课内,精彩在课外,一直以来,我总是抓住一切语文活动的契机,让学生呈现精彩。

以下收录部分作品,以资共鉴。

劝学新篇

2017届高一(1)班　刘昱旻

观夫今人多以应试为学,极言其苦,不堪学。

而学者,习其事也,博文以益其知,考迹以利其用,其谁能废学也?

又今人之所学,浅尝辄止,不知了了,谓是顺时应势而举,诚无利于其自身。

诚学为苦人之具,则人何事学也?自违其法,而以咎学可乎?且恃其自然之说,世之自然而获者复凡人也?

然人事于学之途,卒未得学之效,皆学之正法未详也。

子曰:"学而时习之,不亦乐乎?"

时者久也,恒久而不易,可谓学之深;时者渐也,渐进而卒有所得,习谓学精妙于自然。

学之深而知,不深而不知也。其学两者,一曙为之,则其旨必不为嗜矣,不嗜而何谈其乐乎?必夫历其苦者,乃获其甘。

盖至得意忘言之后,或授世人以顺势而学之邪途,其说不能以自圆,此诚非一曙间尔!

松柏非岁寒不知其后凋,潜蛟非水深不知其善泅;学而者,非格物不可致其知;事学非深之不获。

为名为利失其本心,如无诚心正意,趋其正途,卒不可得也!

点评:刘昱旻同学2017年以总分720分的优异成绩荣获贵州省高考文科第一名,也是同年西南地区高考文科总分第一名,昱旻同学以优异成绩被北京大学录取,回望昱旻同学走过的高中求学之路,诚学、精学、活学尽在其《劝学新篇》矣! 此文于2015年6月荣获"三驾马车·语文周报杯"第十届全国校园写作大赛二等奖。

香烟,让我如何忘记你

2015届高一(8)班 陈姝桦

阳光快要蒸干我的血液,空气中弥漫着一种快要窒息的伤痛。耳边循环着"我在医院,又出车祸了,如果奶奶不在,就帮我带套衣服吧……"一种莫名的伤痛,促使我紧紧抱着衣服奔向医院。我只祈求,只祈求命运别太残忍。

刺鼻的消毒水味,雪白的床单,冰凉的手术器具。如针刺痛着我,却也在我人生中刺下一段段爱的印记。

一阵狂笑传来,是父亲的声音。我迎声走去,正碰上我父亲的同事。当我看见父亲不停地在用手揉着脚,再看看他脸上早已扭曲的笑。我明白,原来笑是心底最深的痛。

我将衣服递给父亲,看见父亲爬满老年斑的手上多了几道新的伤痕,胸前浸着几丝血红。望着他的脸,我已不忍想象玻璃碎片在他脸间横飞的场景。

父亲点燃了一支香烟,问我要了一瓶酒。我知道,不能喝。但是我又能为他做些什么呢? 父亲拿起电话拨通,又放下,又拨通。

"妈,我还在外地,出了点事。可能这几天都回不去了,你先去大姐家住几天。"我听着熟悉的语句,心疼着眼前这个"久经沙场"的老手。

那一夜,父亲和我聊了很多,仿佛那一夜之后我们再也没有明天。

"有空多陪陪奶奶,老人年纪大了,怕孤独。别老气你妈,有病受不起,最好收收你大小姐脾气……"

其实我都知道,望着你的酡颜,梦想早已干涸的双眼,我多想,多想对着天空呐喊,但我知道,即使今天现实划破脸颊,明天也要走得义无反顾。

烟草的星火向我诉说半生的无奈,那半空中氤成一滩光圈的,是你的泪,是无情岁月在你心尖划过的伤痕。

是的,这就是你的爱。让我上瘾,让我着迷。当我迷恋它淡淡的烟草香气时,我才发现它正缓缓爬噬着你的肺。

我怀念,夏天枕着你冰凉啤酒肚入睡的日子,秋天我们手拉手走过一条条小街的日子,冬天我们一起堆雪人的日子,春天和你一起翻阅泛黄老照片的日子。你微笑地指着你哥帅气的小伙儿对我说:"这是你爸。"

因为疼痛,幸福美得都快碎了。

然而当我看见你向一些正在讨论汽车的同学投去羡慕的眼光时,我懂了,你有你想要的,但是你肩负的太多,让你无力为来了自己而飞翔。

那一个个无眠的夜,我不知道你多少次点燃了香烟,点燃了为爱绽放的花儿。当我一次次听到你患病或出事的噩耗时,我只能将泪倾入延绵向东的剑江河,因为我要坚强!

微风拂过,窗前父亲赠我的文竹,迎风摆动着,我知道,我看不见你,但却感受到你爱的呼吸。

这欲罢不能的爱,我怎能忘却。不!我已迷恋,上瘾。

点评:姝桦的这篇文章是2013年7月在北京参加"三驾马车·语文周报杯"第八届全国校园写作大赛的现场作品,该文荣获现场决赛特等奖,姝桦同学被授予"中国校园小作家"称号。

不能忘记的香烟,深沉的父爱解读。原谅父母的不完美,这是世间最大的仁慈!

恋上济州岛

2015届高一（8）班　敖志澔

在没有来到济州岛以前,济州岛对我来说只是一个空洞的名词,它似乎只存在于韩剧和女生们的闲聊之中。这种感觉一直持续到了如蓝月般的海岸线从云海里冒了出来。

飞机降落之后,同行的女生们就变得兴奋异常了,似乎这里的每一粒尘埃都可以和一部韩剧挂上钩。我不喜欢韩剧,但我却喜欢上了这里,明媚的阳光,清澈的天空,蔚蓝色的海岸线,以及那特别的海女,都让我的生命融入了这片土地,爱上了这异国他乡的小岛。

旅行的前两天是无趣的,我们总是在大同小异的景点中不断奔波。在我还没来得及沉醉在这美丽之中,可怕的事却发生了,我开始习惯这美丽,并对之感到麻木了。可是这是一片注定会令人激动的土地——我在这邂逅了海女。

海女似乎是对济州岛女性的一种诅咒,如果你作为一个女孩出生在了济州岛,在我看来你是不幸的。在济州岛,男人是从来不会去工作的,养家糊口也自然成了女人们的工作,而下海劳作就是她们唯一的选择。我无法想象,一群女子只依靠一个小小的浮球就敢潜入海底,但事实却正是如此。那么,按理说养家的女人的地位应该会比男人高吧,可事实却恰恰相反。海女在男人眼中简直成了一部生殖机器,一旦她们生不出男孩,打骂与冷落便成了"理所应当"的事。这样一群可悲的女人,我的眼前似乎出现了一张张麻木与悲苦的脸。

但当我真正的见到海女之后,我却发现我错了。岁月的刻刀似乎都不忍在她们身上留下太多印记,曼妙的身材和矫健的步伐简直如同少女一般,不,她们比少女更加美丽,因为她们的脸上有着都市少女阴沉的脸上从不会展露出的笑容。那笑容简直赛过了济州岛灿烂的阳光,我在她们身上甚至找不到一丝由悲苦命运所带来的阴云,我不禁问了一句:"你真的是海女码?"而她的回答让我重新审视了一个问题——何为生命?

人,两手空空的来到世上,却又想把所有东西都带走,所以我们便紧紧握住所有经过我们手中的东西,但是水中握沙又能得到些什么呢? 如果把生命当作是一次旅行,那么旅行最重要的收获就理应是快乐。而一旦我们开始注重手中的东西时,我们又是否被它束缚了呢? 只盯着手中的双眼又怎能发现四周令人愉悦的风景,那些不属于你的,无论你握得多紧都将会失去,可当我们走完人生的这一遭后,那些我们曾经紧握的东西又能为我们带来什么呢? 或许什么都没有,反而会因它而错过许多。所以说,活着的快乐不在于拥有而在于一种心态,快乐是你自己的事,跟任何东西毫无关系,本最应抱怨命运不公的海女都可以快乐地笑,我们还有什么理由愁呢! 在不断地追逐游戏中你真的感到快乐吗? 如果说我们的奋斗是为了让生命变得更加的美好,那么已经疲惫不堪的心是否已经迷失了生命的本质。

当我们为了快乐去追逐物质的时候,快乐却离我们越来越远,其实快乐什么都不需要,只需要你有一颗快乐的心。我相信,海女绝对不会有世人没有的宝物,但她们却比任何人都快乐,有人说懂道者懂中国,那么我是不是可以说懂海女者懂济州岛呢? 一片还原生命本质的土地,我发现我已经不可救药地爱上了她。

现在的我已经回到了故土,但是我却仍然在思恋着那异国他乡的土地,我至今仍陶醉在那一次旅行之中,或许我已经对她爱得不可救药了吧。我甚至愿意失去一切,哪怕是我作为一个人的形态,去做一颗济州岛海边的鹅卵石,在潮起潮落中,去汲取这片土地上的快乐,还原我生的本质。

　　点评:敖志灏是我的儿子,都说要易子而教,因为当青春期遇到更年期,难免会有冲突,难免会有言不由衷的伤害,但我还是选择了做他妈妈的同时又做他的语文老师! 当他学会思考生命的坚强,学会分享阳光,我感受到了多一份陪伴,就多一份见证,这将是我此生最大的荣光!

绽放在"两戈"旁的花朵

2018届高三(3)班　蒙丽军

"钱有两戈,伤尽古今人品。"金钱的诱惑力及其从古至今的敏感性是它光鲜外表下隐藏的两把锋利刀刃,屠伤了多少人的理智和人与人间的和睦关系。而道德,就是顶着冰冷的刀锋艰难生长的美丽花朵。

娇嫩的花朵触及锋刃时会受伤。拾金不昧的小王将六千元还给失主后因接受了失主的两百元奖励而被杨女士举报,退了两百元的奖励。这二百元钱的数目对小王来说没多大影响,他并不急需这点钱,可这点零星刀锋却生生地割痛了他的心,使得人与人之间的关系僵硬,英雄泪空流!

道德之花需要被滋养,如果仅仅靠英雄泪来浇灌,那结出的果实该有多酸涩辛辣啊!道德需要被弘扬,拾金不昧同样值得被奖励。英雄们既然连大数目的金钱都不贪图,又怎会在意小小数额的奖励呢? 他们更不会以拿到奖励的金钱为目的,他们要的只是对他们行为的肯定、对道德之风的尊崇罢了。杨女士"收了钱性质就变了"的说法实在有些管窥蠡测、"度君子之腹"了。

奖励拾金不昧可以更好弘扬美德,创造互帮互助的良好社会风气,帮助我们在"中国梦"的复兴路上走得更远。这正是政府所追求的目标,也是其职责。那么奖励拾金不昧是否该成为一项制度呢?

广州政府制定了一项新的规章制度,要求每个失主必须支付给拾金不昧的人丢失金额的百分之十作为奖励。由此可见政府也是积极号召每个人去保护娇嫩的道德之花的,这项制度也起到了一定作用。

道德之花的确该被滋养,拾金不昧也的确值得奖励,然而护花之人是否想过换种方式去照料花朵呢? 与其想方设法用刀刃去照料随时会被它划伤的花朵,不如弃去"两戈",选择用水滋养花朵呢!于失主,给予英雄一个微笑或是让两人的友谊之水渗进根须岂不是一种更好的奖励方法? 于英雄,失主真心的笑容、人与人间美好的情谊应该比他不甚在意的金钱更美好吧? 于政府,把失主需奖励金钱给拾金不昧的英雄作为硬性制度是否过于生硬而丧失了他原本的意义呢? 换成更美好的精神层次上的奖励会更好些吧?

通晓人情世故的人都该明白,拾金不昧之人接受金钱奖励绝不是受利益驱使因而带有"利"的性质,相反在某种程度上,反倒是一种人情练达的明智之举。在中华文化中,有"礼尚往来"一说,也有"人情"这一说,不接受失主的奖励就是不接受其感激之意,这会让失主难过的。而古往今来也有太多太过刚硬不懂变通之人因此在人际交往中受到挫折。所以如果失主选择了用金钱作为奖励,那么谁都没有资格去批判英雄接受奖励的行为。但为了避免金钱这一敏感的问题,失主最好选择用精神奖励去替代金钱奖励。

让心间的美丽化作脉脉温水去滋养道德之花吧!如此,这娇嫩之花便能在"两戈"旁温暖生长,微笑绽放!

点评:面对现世的纷扰和诱惑,如何守住自己的内心,找到平衡点,这是人生的历练,也是成长的过程,蒙丽军同学在"两戈"旁滋养道德之花,温暖生长,微笑绽放! 2018年,蒙丽军以687分的成绩荣获黔南州高考理科状元,被清华大学水利工程专业录取,那个爱笑爱哭的善良女孩还是三班的学习委员,在那些备考的日子里,丽军同学的友爱与无私安抚与温暖了多少焦躁与无助的心灵!

咏　雨

2018届高三(3)班　马一瑞

江南有好雨,绰约多仙子。雨是最旖旎,小丝汇长流。山为艮,可载物;水为泽,可润物。这方有"随风潜入夜,润物细无声"之言。

南国的雨中,我独爱两种。一种烟雨朦胧,一种滂沱恢宏。

烟雨者,曼妙多态。行人多避,而吾逆之。望远山,体态虚无,渺无轮廓;望近处,行人匆匆,车水马龙。《道德经》中有言"故常无,欲以观其妙。"故道不可道。

滂沱者,气势恢宏。车马多避,吾站高台望之。顷刻间,电闪雷鸣,狂风骤作,树木俯仰,行人甚惧之。霎时,雨帘卷,帘倾,帘掀,形如豆米,声如擂鼓。

已而不见形态,不可知其然也。清凉拂面,怡然称快。

苏子在《赤壁赋》中论水月,有"击空明溯流光,望美人兮天一方"的情怀。

人当如烟雨,方圆之中淡然安世。人当作滂沱,激浊扬清志狂神驰。或淡或狂,是为雨之智也。

点评:马一瑞是我们(3)班的班长,三年来,烟雨迷蒙中,她自清醒淡然;滂沱激昂中,她自掌舵领航。多年以后,班长带领我们在距离高考60天的誓言终将清晰地印在每个人的心上:

　　　　三伏九载,学涯似海

　　　　　笑迎寒窗雪

　　　　以书温夜,遂将此生丹青写

　　　　程门作舟,一身汾桥月

　　　　　芳华转,冰心恒

　　　　以梦为马,展翅青渊腾

　　　　弓掌作杯,泼袍带,谢师恩

　　　　俯身而饮,六十日,踏征程!

带着使命与梦想,班长选择了北京大学医学部,我们有理由相信,她永远是我们的天使!

两缕青烟,各自袅袅

2018届高一(3)班　吴璟妮

人生,有两缕青烟,一缕是生命,一缕是时间。时间匆匆不停奔跑,生命虽短却也穷追不舍。拨开眼前的氤氲之景,究竟是时间更快,还是生命更长?

我可能会轻语,是时间快些,"燕子去了有再来的时候,杨柳枯了有再青的时候",而我们的日子却一去不复还。你我都是时间的孩子,时间把我们送入年少,吹向青春,也会伴着我们飘向远方。时间把你们送到我的面前,让我们共同经历一段难忘的时光。时间赋予了我们可爱的集体一个可爱的名字:三班。可时间终究还是时间,是不可承受的生命之轻,我们以梦为马,驰骋学海,无怨无悔,殊不知它那一缕青烟惹得风摇烛影红。时间就此在指缝间匆匆溜走,所以当你面对它时,请珍惜,珍惜!生命是时间开出的花朵,珍惜它,花朵必将绽放。

再说说生命吧,生命是最宝贵的财富,没有任何东西可以凌驾于生命之上,也许就在这刻我会回答,是生命更长,时间不过是生命的载体,没有了生命的绽放,时间它就失去了意义,人活在这世上,总不能白白走一遭吧,当你在垂暮之际,是否有人会为你热泪盈眶,是否有人还对你念念不忘? 不知为何那一缕青烟袅袅,使得帘外芭蕉揽清风,或许是精神和气节的所作所为。总之当一个人有了精神和气节这两样东西,时间就自然成为生的延续,无前为之烦。所以当你面对生命时,请振作,振作! 只要永怀热忱,时间必将久久不逝。

人生,不过两缕青烟,一缕生命,一缕时间,在某年某月某一天,这两缕青烟将各自袅袅。

点评:生命与时间,终将是两缕青烟,但是有了思想的生命终将化为灵魂;倾注了情怀的时间必将定格为永恒! 璟妮和我们相处了一年就去了文科班,但她一手漂亮的书法以及她的如花笑靥,时时让我们感到她只是临时出嫁!

"地里"的土豆

2017届高一(1)班　刘佳妮

若你要问初中的我厌恶什么学科,我定会不假思索地告诉你:"地理!"若你要问高中的我比较喜欢什么学科,巧了,还是地理!

对地理学科态度的转变多半要归功于那颇具独特的地理老师——特色口音、特色模样、特色性格……这些无一不使枯燥无味的地理学习多了他这么一个亮点。

又是一个寻常的课间,然而不寻常的是,我并没有颓丧地趴着整理一节课下来累积的睡意、为下节课养神,而是精神抖擞地坐着。为什么呢?预备铃刚响过,一个"海拔"或恰至"丘陵"高度、衣着简单朴素的中年男子走了进来,他挎着一个"小蜜蜂",笑意盈盈,看着还未做好课前准备的同学们手忙脚乱地拿书。笑容好似也被那黝黑的肤色染过,透着淳朴与和蔼。

上课铃响了,没错,这是地理课!

他先喊过"上课",而后用唱歌似的"婉转悠扬"的口音说出上课内容。紧接着转过身在黑板上写下标题。兴许是想留出更多板书空间,他总"不自量力"地把标题写很高,无奈"海拔"有限,只得努力踮脚又伸手去够,彼时还得用另一只手去拉不听话要滑落的"小蜜蜂"。模样用"憨态可掬"形容再合适不过。

这样一个老师上起地理课来总是让教室里充满笑声。知识太枯燥,同学们昏昏欲睡时,他便会蹦出连珠的妙语打起同学们的精神。这时他往往瞪一瞪眼睛、挑一挑眉毛,好似在问我们有没有意思。而更多的时候,即便他不去刻意地逗我们,我们也常常忍俊不禁。他把"区时"念成"七时",我们会乐上一阵;他找不到教学工具时那手足无措的样子,也令我们捧腹。他自是不恼不怒,仍然满脸笑意,依然用那"婉转悠扬"的语调侃我们"青春可爱"。但除了性格的特色。他的教学亦别具风格。他总会在枯燥的教学内容中穿插课外知识,许多地图于他而言是信手拈来,故到重点之处,他总会激动地在黑板上挥笔作画。那动作可用"豪放"来形容,那笔下可谓是"生风"。这顿时就显出了他的自信、气度与潇洒,也给课堂平添了几分夺目的色彩。

一节课完,他又像来时一样带着笑意走了出去,又留下了一次难忘的记忆。偶然间听闻别人喊他"小土豆",细想确实形象。黑黑圆圆、默默无闻,却有自己的特色与风度,充满了平凡的魅力。

点评:身怀绝技又接地气的地理老师是孩子们的"土豆",清纯颖慧的佳妮带着"土豆"们的嘱托走进了清华!当坦诚成为师生交流的一种常态,教与学其实就不需要太多的语言!

爱的时代

2015届高一（8）班　申登辉

爱，本就是一种信仰。——题记

我们生活在一个利欲熏心的时代。在物质的迷雾里，在名利欲望的角逐中，在人情冷暖的消费中。我们逐渐迷失在这一片繁华的霓虹灯下，如飞蛾疯狂地扑向那一片片灯红酒绿、光怪陆离的色彩，我们失去对爱的信仰，终于练就铁石心肠，内心终于以"强大"到可以对"小悦悦"视而不见，不动容，不声张。

对每一滴缓缓滑落的热泪，每一个真诚美妙的微笑，每一个热情昂扬的拥抱，我们都要用金钱、用人情来明码标价。体会这其中本不存在的复杂意味，为爱打上标签，标明每一元，每一分。

我们，我们到底怎么了？

周国平先生曾说过："在当今这个讲究实际的时代，爱是一种犯傻的能力。"

但是，我们不能因为陷入物质的深渊而放弃对光明的信仰，爱似一束阳光，穿越层层如黑幕般的铅云，翻越千山万水，投射在每个人的心上，无比温柔地抚摸着你，一点一点照亮心中的黑暗。

爱，就是一种信仰。因为爱情，离婚妻子复婚只为捐肝救夫，当专家怀疑起她的动机，她哭诉道"因为我爱他。"令多少物质主义的庸徒无地自容。她的爱，激荡起人性深处最真挚的涟漪。

因为爱情，刘国江老人用50年的岁月凿出了6000多级台阶，只为带着老伴出山。无须海誓山盟，无须生死契阔，他们以爱为名，共度此生。

因为爱情，46岁的丈夫走遍世界所有的美丽风景，只为让妻子笑着走完最后一程。他用三个月的时间，跑遍全世界，就算旅途中有多大的风险，他也未曾说过放弃。当妻子满足地闭上眼睛，这个从来不哭的男人哭得就像是一个丢了心爱玩具的孩子。

所以，我们何其幸运，生活在这样一个温暖的尘世里。

这是爱的时代。

悠悠自问，有谁来渡？冥冥自叹，爱为谁思？爱的信仰，如澄澈的朝阳，镂空生命中的尘杂,滤走形形色色的欲望,只余一缕空明如镜的灵魂,带着醇年酒香与玫瑰色的,永开不败的真爱之花。

在这一片的物质泡影中,别忘了常常记得那片内心深处的柔软。那片开着真爱之花的土壤,才是最值得珍惜的。

一切如梦,梦陈泽旭,梦锦泽颜。若心如梦,唯爱之不朽,难逝于红尘,尘缘三尺,转眼即逝,流年难驻,韶华空尽,何似梦?何如梦?为爱之信仰,不逝不灭,函存于心。

很庆幸,我们生活在一个爱的时代。

爱,本就是一种信仰。

点评:申登辉同学内心的柔软,源于他的信仰;有了爱的信仰,他愿意放下自己的文学梦想,选择做一名救人病痛的天使。他也因此有了爱与被爱的能力!

山水如画,落心成诗
2015届高一(8)班 肖长蕊

每一段路,都有它曲折的理由,每一场雨,都有它悲伤的权利。这骄阳当空的日子,很想行一段充满快乐的路,触碰尘封的岁月,让日光穿透身体,抑制体内泛滥的悲伤因子。说走就走,是人生最大的浪漫,也是最大的奢侈。趁日光恰好,卸下无谓的沉重,空出一个地方,准备去装载快乐。

我同友人渐渐离开喧嚣的城市,慢慢融入一个绿色的天堂,微微仰头,让暖暖的阳光冲进身体,让绿色的风拂起发丝,悄悄带走隐匿的悲伤。用心去赏那青山绿水,让欢快的音乐充斥在耳边,把自己交给这大自然,让自然的真性的万物冲刷染身的灰尘。走山写水,情融笔尖,让忧愁遇笑靥而化,快乐,全由自己决定。

我感觉,不是我走过这山水,而是山水走过,带着温暖,它轻轻在我心上勾开一个口,让忧愁流出,将快乐缝进。然后你开始嘲笑自己那微不足道的忧伤,它明明那么轻,你却夸大了它的重量。我对友人说,山水是最好的良药,我们身在其中,望见一片又一片的绿茶地,它连接着蓝天,沿途的风夹着淡淡茶香,天空蓝了路,青山绿了水,于是我就简单地快乐了。

友人说,其实是你允许它,接纳它而已了。

我笑着点头,山水本无情,是人有情罢了,不知为何突然就想到了海子的"天空一无所有,为何给我安慰。"其实,总有一段路,我们要自己走过,自己坚强,也许靠的就是这样一幅令我们安静的如画风景。生活本是一场愈行愈远的跋涉,走一段路,见一些人,看一处风景,偶尔一个人走走,不计得失荣辱,不理世事沉浮,让时光静止在这香甜的阳光里。

时间齿轮不停转动,我们一直往前走,谁也无法做到相对静止,所以别沉浸在回忆里,陷入自己微小的终会过去的忧愁里。走不出的时候,就看看墨山碧水,它能给我们小小的彻悟,快乐是我们捏造的,忧愁也是。

不由想到《致青春》里的一句话:"爱一个人应该像爱祖国、山川、河流……"这世界太多人都做不到这样的爱,把对一个人的爱植入骨血,流淌、绵长、深刻、隽永,无论是爱亲人、朋友、情人,太多人爱得太过沉重。忆起前些日子家人的争吵,也觉就是如此,做不到这样柔和的爱,所以就成了心里深深爱着,出口却成刀箭,狠狠伤害。也许不过是爱无痕,则水至清的道理罢了。我竟没想到这样的道理是山水教给我。

也许唯有用心与山水交流,才发现,山水是有灵性的。似乎在茶香漂浮的风中,突然懂了陶潜采菊东篱下的乐趣,又明了太白寄情于山水的心。山水,接纳我们无处安放的忧伤,还有因生活诸多不如意的惆怅,然后,它还你一份惬意。

所以我说,山水是最好的心灵治愈药,是乐、画、诗的融合体,文字已无法将它定格,因为它流转于每个有伤的人的心里。

点评:山清水秀如画,有景落心成诗。人生旅途跋涉,少不得一场山

水。这篇文章是2013年7月肖长蕊同学在北京参加"三驾马车·语文周报杯"第八届全国校园写作大赛的现场作品,该文荣获现场决赛二等奖。

如画山水后面是小蕊一个人学会的坚强,每一次的动摇,每一步的跋涉,每一个脚印,都让我心疼,都让我感动与骄傲!

微光耀眼

2015届高一(8)班　陈再丹

无垠的大海以浩瀚而博大;高耸的山峰以巍峨而挺拔;青葱的森林以葱郁而茂密。然而,一滴水、一粒沙石、一棵树,又何尝没有它应有的姿态呢?

我坚信。每朵花都有盛开的力量,每个生命,都有它存在的意义。

不用知道你是否观察过钟表的结构。那一个个大大小小的圆形锯齿状零件,恰好紧密地挨在一起,牵一发而动全身,那许许多多个零件,就组成了一块精美的手表,于是我们看到了三个旋转不停地指针。我们便只读三个长短的指针,忽略了表盘后的零件——那动力的关键所在。如果说我们看到的一切是那么耀眼,拥有那么多光芒,那么拥有微光的零部件,又何尝不耀眼呢? 它们同样拥有存在的意义。

或许你要说,微光永远只会是微光,那么请你想想曾经历史上的那革命战火。毛主席说:"星星之火,可以燎原。"第一次国共合作破裂之后,国民党依仗着自己的军队而大肆捕杀共产党人,诛杀这些爱国先进分子。形式不可谓不严峻,革命之火似乎即将熄灭在这深沉的黑暗之中。难道就这样了吗? 就这样失败了吗? 不! 这是所有共产党员的心声,是内心的呐喊,是全国人民的殷切希望。于是,在这如墨深沉的黑暗社会中,星星之火仍然散发那不屈的微光,愈演愈烈,中有燎原之势,为全国上下照亮了前进的康庄大道。这般微光,如此耀眼!

你看,天上的太阳、月亮、繁星,与人生社会百态又诸多类似之处。那太阳,光芒万丈,就像那些奉献自己,然后为他人所熟知,拥有许多荣誉地位以及众人的赞美艳羡,这样的人,固然是好,可终究少之又少,只有极少数的人才能同时拥有这些,我们不必强求。再说那月亮,它本身不发光只依靠反射太阳光而博得一个"玉盘"的美名,这是赞美,却是谬赞。在我看来月亮虽开心却也有许多惭愧。比起月亮,我更愿意做一颗恒星。守着自己的梦想,默默奉献自己的微光,共同组成这璀璨星空。

享受这微光,耀眼的微光。

微光也有耀眼的时刻!

后记:

微光其实就是平凡,我享受这平凡。

而平凡绝不是平庸。

点评:每个生命个体都是一束微光,小再丹因为坚持梦想而让微光大放光芒,即将走出清华园的她,迎着朝阳,定能再创人生辉煌!

风景这边独好

2020年8月,第四届中国绿化博览会将在都匀举办,作为第一次在西部少数民族地区地州级城市高原山地举办的绿化博览会,她将会揭开黔南的面纱,也将惊艳更多人。黔南各族人民满怀期待,黔南学子热情洋溢,敞开胸怀,迎接四方宾朋。

以下收录部分学生作品,以资共鉴。

望尽桥城慕清欢

2021届高一(1)班 刘美

穿过岁月的深巷,折一枝绝版芳菲。依然情怀似旧时。此去经年,望这波渺渺、柳依依、桃夭夭、寒烟翠、岁月悠长,山河无恙。露花倒影,妆出桥城嘉年华。

云淡月·留予他年说梦痕

陌上早,春意正浓。萋萋芳草,东风不识人面。柳条将舒未舒,柔梢披风,缱绻了年华。凌空骄阳仍静挂于蔚蓝的天幕中。日光透过碧溪,柔光中庭院满树梨花绽放,风乍起,眼前俨然一幅纯美的梨花春阳,宁静得光芒万丈。彼时清晨,我独坐于古藤椅之上,任身旁茶香袅袅,静看窗边一池波幻,柳条垂落河面,画出几道旖旎的涟痕。梨花淡白柳深青,与桥城邂逅于柳岸花堤。霞如瀑。斜阳只近黄昏,此言便是指眼中之景了吧!我伫立在风雨桥头,眺望桥城的壮美清景,天边霞色如瀑,残阳饮血,余晖倒映于剑江河上,暮色苍茫,流水淙淙,依稀听到河岸旁悠悠的玉笛声,如怨如慕,如泣如诉,余音袅袅,空灵飘逸,使人不禁游荡于形骸之外,飘浮于广阔无垠的天上人间。我闭上双眼,闻到岸旁树香沁鼻。如此向晚,流水脉脉,叹过世事浮沉。萧萧远树疏村外,一半春山带夕阳,夕阳蹁跹流光色,原是桥城奈若何。与桥城相约于残阳河畔。夜未央。斜月冉冉春无极,疏雨未歇,写意东风事。夜之桥城,颇有几分魅惑之感,我信步穿过石拱桥,斜月朦胧,柔色氤氲,花香四溢,微光中朵朵桃花绽放,在月光的映照下,显得有几分清冷之态。有桃之夭夭,临风过浮生缥缈,婆娑如画中仙。晚风拂过,不由得想到"夜月一帘幽梦,春风十里柔情"的景象了。

千秋岁·一桥轻雨一伞开

故乡都匀以桥众多而得名"桥城之都",桥城的魅力或许在于每一座雅致的桥,足以波澜你我的一个世界,它的美可以使漫天的烟火盛开,可以催漫山的荼蘼谢尽。不管是古老典雅的百子桥,还是秀美俊逸的风雨桥,又或是轻盈灵动的月亮桥……都足以令我为它们倾倒。

时光正好,我漫步于百子桥上,天边下起了零星小雨,晨曦静谧,只听见"沙沙"的足音,此时此刻仿佛感觉只剩了我与这桥,可以细数岁月在它身上留下的古老的痕迹,可以静耳聆听令人动容的一段过往。时光荏苒,桥仍安在,只是已物是人非。我在这百子桥上走着、走着,宛若已走过了千年的时光,岁月无情,不会因为你的故事华美,就把你留在原地,继续灿烂年华;不会因为你的故事惨淡就把你提前带走,给你天高海阔。这世上,没有谁能够陪我们到地老天荒,也没有谁能伴我们到彼岸花开。很多时候,我们只有自己,路过红尘,独自天涯。我伫立桥头,极目远眺,一池清河绕城而过,流水落花春去,天上人间,我抚摸着古老的桥栏,伫立高处,望尽桥城之景,关河万里。红尘无尽虽孤苦,但有桥城美景永恒的陪伴,也算不枉此生了。人间纵然再多山重水复,心中若能与柳暗花明相伴,便能惯看秋月春风。几许流水清风,几段烟霞云月,浮生一梦。唯有初心与这桥城美景不可辜负。慕得人生清欢,不亦乐乎? 放眼望去,天边俨然架起了一道彩虹。

相见欢·悠悠古街深几许

走遍大地神州,犹是古街念心头,走过家乡的石板街,仿佛走过了我儿时记忆的隧道。

幽深的巷道,青石板制成的路面,左右各是一排鳞次栉比的极具民族特色的红墙古屋。青砖黛瓦,流过似水流年。"风景这边独好"长长的老街,古色古香,登上红墙阁楼,打开楼上的窗,让视线越过树梢,掠过屋顶,远处青山绵延,流水如练,天高海阔,一望无边。晴日古街,柔色弥漫,金光挑洒,街道上车水马龙,热闹非凡,各种民族服饰,剪纸、雕刻等工艺品,足以为人们提供了一次视觉盛宴。适逢雨季,雨点淅淅沥沥,落在屋瓦上,浮漾湿湿的流光,夹着一股股细流沿瓦槽与屋檐潺潺泻下。雨姑娘的纤纤玉手在屋顶上抚弄着无数黑白键,把晌午一下子奏成了黄昏。月露冷,烟水两茫茫,孰知何处是潇湘?陌上花飞的云烟,石板街烟雨尽头,一眼柔情追随。桥城月上浮云散,渺无踪。

古街,悠长;韵味,绵长。不如陪悠长古街,流过如诗韶年。

望断情·一蓑烟雨任平生

醉美多彩桥城。岁月转瞬,数十年的光阴,我几乎走遍了桥城的每一处风光。赏过"乱花渐欲迷人眼,浅草才能没马蹄"的初春之景,也品过"接天莲叶无穷碧,映日荷花别样红"的盛夏之景,同样邂逅过"无边落木萧萧下"的绝佳秋景,还与"惆怅东栏一株雪",相遇于断桥残雪处。云天之下,云水之间,可以安放所有的诗情画意,可以收藏所有的似水流年,走出浮华,洗去尘埃,去桥城,与山水云月为邻。

一蓑烟雨任平生,来到桥城你可以纵情山水,去留无意,也可以从容坦荡,笑对风云,惯看桥城风花雪月,或许就是最美的归途。

双蝉碾玉,惹得相思说媚卿。相约千载,莫负今生。待桥城之景,寻芳缓缓归。掬一抹禅意人墨,以风的洒脱笑看沧桑,以云的飘逸轻盈过往,用淡泊写意人生,用安然葱茏时光。透过指间的光阴,淡看流年烟火,纵享岁月静好,细数桥城风光,静赏一世清欢。

愿良辰此景,不负君之意。望尽桥城慕清欢,踏遍山河思故乡。此去经年,桥城未央!

向晚的古街青石,桥城的大街小巷……这是我们的精神依恋之乡。人尚在,城未央,现世安好,清欢犹畅!

点评:文静娴雅的高一女生刘美,静静享受自己的葱茏时光。

山水好相逢

2021届高一(4)班　姜丁文

引子

你是我深爱的小城。记当年,也曾与你共醉,以剑江叹息千年的流水,遥寄天地百味的一杯。游子在眺望着远方,你请山作笔,引水为墨,谱一曲凝苍流翠的调,歌故园的山河。踏出故地,茫茫人海迷不住我澄澈魂魄;初心不变,花花世界抹不去我对故土的依恋。因为啊,青山不改,此生不换;因为啊,你!我深爱的小城——总是梦里相逢。

烟雨朦胧。

我静伫廊檐下,捧一盏香茗,看檐头水珠滑落,一颗颗地砸在廊前的石阶上,也一颗颗击在我的心头。它们是多么纯净,如比明珠更纯粹的你。星辰移半盏残茶,你携着山水款款而来,院中盛着的花树因你摇落几瓣碎香,不舍地停留在你身披的斗篷上。

我将要离开这一方天空。你知道我在等你。我等你,等你来,别那一场山水好相逢。而你仍是一幅从容模样,一如既往。你浅笑着,任由我如初时细描你的容颜。你有如玉温润的眼,明得今夜的北斗都成为你的陪衬;你有远山淡墨的眉,静得满山的映山红只配做你眉间的点缀。

我欲将这一份动人铭记,你却倏转回身去。只领着我在这夜色中漫步。明月如钩,梨花在雀鸟不知时,顺着剑江的流水,漂浮旋转着飞向了下游。你与我,一路闻山鸣,听水弄琴,却不言语。明明不是秋,却有秋意在心头。山色浸润着鸿蒙初开月,春波盘旋出九折老长街。淡了酒暖灯红的夜,你叹一声,一首歌听几遍,才能够不忘却?……我们走过石板旧时街景,走过沧桑文峰古塔,走过西山的鸟猿啼,走过奎星阁的铜撞钟……此夜漫长,路也漫长,但随你一路行走,叠过你的脚印,我心却已安宁。

你不言语,我亦不语,但我却不解你用意。等到烟雨遮掩了最后一点灯影,氤氲了飞舞的流萤,我终于按捺不住自己如云的心情。我轻侧身,正欲开口问询,你只摇了摇头,掀开了斗篷的一角,却也掀开了那山水往事——恍然间,我梦回从前:

一春灵岩雨花

一夕龙潭春涨

一夜梦遇观澜

一桥南楼夜月

一帘东山晓日

一步鱼石朝宗

一望西峰缕云

一网北岭七星

……

　　青山碧水,我们的一首长歌。歌一回,便不能忘却,歌一回,便唱出永远。一步一景,再不消言语,我亦已明了你眼角眉梢清浅笑意。今夜你携着山水而来,山水是你的影。我于山水中见你,于山水中记你,于山水中念你。你一步换我一景,换我铭记曾经山水情意。今夜我将携山水而去,移步换景,换不去你的倩影。

　　我将离去,而此夜过后,我知你会等我归来。我在世间来来去去,你站在水墨的季节百孔的桥头候我,你候我,只等我归来,再赠我一场山水好相逢。

　　我将离去,而此夜过后,我终懂得原来落花春易逝,但亘古山川与你皆不变;而此夜过后,我终懂得只有在你的身旁,才能拥有归乡的悠然平静。

　　于是我,一任阶前点滴到天明。

　　点评:都匀是姜丁文的故乡。故乡,是每个游子的精神依恋之乡。于是,故乡的山,故乡的水,梦里梦外,总相逢!

"黔"之秀·梦之"南"

2021届高一（4）班　周蓓

月色撩拨的夜

车灯点缀

黑色的双眸

印着你的容颜

剑江河、杉木湖的柔波

稻香里鲤鱼荡开的水痕

卯坡里你的声音……

爱慕清香

炽热芬芳的心

伫立石板街头

铜鼓之声响彻云霄

漫步百子桥头

遥视芦笙舞的曼妙

攀着云朵的高度

将缠绵的长线撒入

归兰山的溪流

藏字石的凝眸

咕噜寨的呼唤

品一缕毛尖茶的醇香

尝一碗九阡酒的浓烈

读一卷水书的神秘

好花红的声韵代代相传

梦里发觉

一切姗姗可怜

如约而至的

尽是依恋

点评：周蓓爱写诗，语文老师爱读诗，于是借征文比赛，我们之间有了一次心灵之约！

书生意气

"立志　崇实　担当"是我们学校的校训,孩子们围绕着校训举办了主题演讲活动,读着孩子们的演讲稿,看着孩子们在台上的激情演讲,我由衷地感到幸福与骄傲!

少年立志出乡

2021届高一(1)班　程传倩

人生就像一面镜子,随着生活中发生的各种事情,反射出不同的样子,你怎样对待生活,生活就会怎样对待你。你怎样对待生活,生活就会怎样回报你。也就决定了你将获得怎样的人生。如果你选择毫无目标的随波逐流。浑浑噩噩地对待生活,那你的人生也就不过如此。所以,一个人应有目标,应立下志向。如果少年是一艘远行的船,那志向就是航船的彼岸,也是航行的指南针。如果少年是一朵待放的花,那志向就是阳光雨露,也是春风,唤醒沉睡的花,赋予花敞开自己,迎接未知世界的勇气。

立志,最好在少年时,少年志向要远大。持身严谨,立志不高,则溺于流俗;持身不严,则入于匪辞。正所谓有志者立长志,无知者常立志。有些人志向定得太容易,可真正是自己想追求的吗?"心有多大舞台就有多大",陈胜有搏击长空的鸿鹄之志,"王侯将相,宁有种乎"他以"瓮牖绳枢之子,氓隶之人"的卑微出身斩木为兵,揭竿为旗,成就了一番轰轰烈烈的事业。刘邦有君临天下的凌云壮志,"大丈夫当如此!"他从一个小小的沛县亭长起家,披荆斩棘,鏖战群雄,最终成为巍巍大汉的开国皇帝。黄巢有佐世济国的不屈之志,"他年我若为青帝,报与桃花一处开",他振臂高呼"均贫富",天下云集响应,有席卷中国,摧枯拉朽之势,英雄不问出处,我们要弃燕雀之小志,慕鸿鹄之高翔。去演绎精彩人生。或许大家会觉得伟大的志向过于遥远。但"千里之行,始于足下"立志就是我们漫漫征途开始的第一步。立志是成功的动力,能让我们为实现目标不懈地奋斗。凭借坚忍不拔的信念,屹立在成功之山巅眺望远方。

立志容易,成志难。确定了自己的人生目标以后,能做的就是坚持努力完成它。毛泽东在青年时期起就立志救国,献身革命。为了实现自己的志向,1914年毛泽东全部费用只有169元,其中三分之一都花在订报上。铺盖和衣服则非常简陋单薄。但他从不以此为念,他还与朋友提出"三不谈",不谈金钱,不谈身边琐事,不谈男女恋爱问题。他认为改造国家,改造社会对学问的需要太迫切了,一定要珍惜宝贵的青春,把时间和精力都花在有价值的事情上。立志,并为之奋斗,才能有效。

每个人都应该有一份属于自己的志向,一份远大的凌云之志,并努力去奋斗。愿少年们心中时时装着"立志 崇实 担当"的校训,也记着毛主席的那首诗"孩儿立志出乡关,学不成名誓不还。埋骨何须桑梓地,人生无处不青山。"

有何不敢
——敢想　敢做　敢当
2021届高一(1)班　龙璇

时至今日,我们的高中生活已经过去了六分之一,亲爱的同学,你是否已经有了新的开始呢?《时间的针脚》中说道,要想面对一个新的开始,一个人必须有梦想、有希望、有对未来的憧憬,如果没有这些,就不叫新的开始,而叫逃亡。

我经常在想,人生到底有什么意义? 毕淑敏在书中回答了我:人生是没有任何意义的,但是,我们每个人要为自己确立一个意义。在哈佛大学,校方对某届哈佛毕业生临出校门的时候,做了一个关于人生目标的调查。结果是27%的人,完全没有目标,60%的人目标模糊,10%的人有近期目标,只有3%的人,有着清晰而长远的目标。25年过去后,那3%的人不懈地朝着一个目标坚忍努力,成了社会的精英,而其余的人,成就要相差很多。

所以,要想成为社会精英,即使身在哈佛,也要为自己确立目标,更何况我们还只是高中生呢?

我想,我们很多人最初都有梦想,也都为它努力过,只是,社会发展的节奏越来越快,我们变化得也越来越快。我们认识的人越来越多,一个不小心,就发现自己已经完全不是最初的那个自己了。

我还记得都匀一中以前那学长,在校三年,他始终如一。每天早上,他会准时到操场一边背单词一边跑步,不管下雨还是下雪,没有一天不是这样。三年的坚持,圆了他的清华梦。高中的诱惑如此多,可他能始终如一,这一定出自他那颗崇实的心。

每一个选择一中的人,一定都是为了实现自己的理想而来。然而,高中并没有那时我们想象得那么简单,比起初中,它更加独立,诱惑更多对我们的要求也更加严格。我们只有保持内心的宁静,摒弃浮华与喧嚣,追求朴实,做个崇实的人,才能将高中这三年走得漂亮,将来也才能在社会上走得明明白白,坦坦荡荡。

毕淑敏说:"我们表面的不屑,是因为骨子里的不敢。我们没有承诺勇敢的勇气,我们没有面对真诚的真诚。"

有时候,我们会为一些鸡毛蒜皮的小事争吵,为一些无意间的话烦恼,而这些时候,已经有人将生命置之度外。

"你退后,让我来。"这是杜富国每次面对危险都会对战友说的话。为了保护人民,每次扫雷行动他都会到第一战线去。为了保护战友,他在炸弹爆炸的那一瞬间,向战友艾岩扑过去,同组战友安然无恙,但他已经失去了双手和双眼。从医院那些天。他没有任何怨言,那时他还不知道自己已经没有双手了,他唯一的请求就是,在饭里给他多加些肉,好让自己的手快点好起来,继续同战友扫雷。父亲最终还是忍着痛告诉了他这个事实。但是杜富国只是说:"我相信以后,我会很阳光,很快乐。"国防部对他的评价说:"杜富国同志面对危险,舍己救人,用实际行动书写了新时代革命军人的使命担当。"

周文强说:"青年需要国家,而国家更需要有担当的青年。"我们是中国新青年,要肩负历史与时代的使命。作为时代的弄潮儿,我们有何不敢呢?我们敢想就敢做,敢做就敢当。

　　如今我们是一中学子,等到多年后,我们仍然谨记校训:立志,崇实,担当。

校训成就人生

2021届高一(1)班　陈菡婷

　　夫天地者,万物之逆旅。光阴者,百代之过客也。而浮生若梦,为欢几何? 人生之于天地,不过沧海一粟! 也正由于我们这须臾的人生,我们更应该在这白驹过隙间,留下浓墨重彩的一笔。

　　虽说你我皆是芸芸众生不起眼的一个,但我们是可以超脱的。如何超脱,私以为我们的校训"立志,崇实,担当"六字便足以解决这个问题。

　　立志,便是做一个拥有理想的人。没有理想的一生,庸庸碌碌,追随他人的脚步,能留得精彩几处? 立志之后,更得追随理想。陶渊明心系乡野,这便是立志了,而他弃官回乡,得留名千古,就是由于他不懈地追逐自己的理想了;同样,释迦牟尼一心修行,历经劫难,菩提树下终得顿悟! 理想是自己的,追逐名利不如追逐理想! 多年之后回首人生,必然发现最疼的不是失败,而是毫无目的地度过一生,抑或是没有经历自己想要的生活。人生短暂,没有时间留下遗憾,得意须尽欢!

　　崇实,便是崇尚实际,做好自我评估,对自身有清醒的认识。有多大的能力就做多大的事,吃多大的饭。正如2019年春节的第三天,"娱乐圈学霸"翟天临便凭一句"知网是什么东西",以一己之力掀起了打击学术造假的浪潮。前脚扮演警察在春晚舞台打假,后脚就成了众矢之的,变为众人打假的对象,何其讽刺,何其魔幻! 如果他不是那么贪心,甚至想忽视事实,妄图驾驭一些自己控制不住的东西,未必会落得这样的局面。崇实的重要性可见一斑。

　　担当,便是做自己的自己,担起应负的责任,对于周边的阻碍无所畏惧。亦如梅花,傲霜斗雪。料峭的寒风,没有把它吹倒,却成就了君子之格。做人亦应如此！面对困境,宁可枝头抱香死,何曾吹落北风中！即便我们是平凡的人,但我们的肩上也应有独一无二的责任,我们也应有不平凡的心,更应有属于自己的不平凡的灵魂！

而所谓担当,并不在乎能力的高低和智力的多少,它唯一的标准就在于我们是否担起了自己的责任:面对亲人,我们当奉献我们的孝;面对社会,我们当奉献我们的才;面对国家,我们当奉献我们的忠。诸如此类,这便是我们的担当。

同学们,当下青春正好,何不扬帆起航！举起酒杯,敬那六字箴言,敬那不凡的自己！就让我们在这匆匆的红尘中,留下专属自己永不磨灭的痕迹,过出自己的精彩,活出别样的人生！

我　们

2021届高一(1)班　杨碚璧

花败入地,夕阳没海,而我们才刚刚开始。

是否想过,25年后,我们背上的包会装些什么?

是否想过,15年后,我们脚下的路会变成什么?

是否想过,5年后,我们将走向何方?

而现在的我们,于我于你,满意否?

大家知道"沙子人生"吗?"沙子人生"就是做一粒海滩上安静淡定的沙子,而在这个充满竞争与机遇的年代,你甘愿做一粒沙子吗? 我的回答是拒绝,虽然现在的我们都是海滩上的沙子,渺小卑微,但我们也可以成为珍珠。放弃海滩上温暖惬意的阳光,走入寒冷阴暗的蚌壳,因为后来的我们会光彩夺目,因为我们知道没有志向的人生如一潭死水,毫无生机,因为我们知道,我们的价值要靠自己实现。

但,我们的目光该看向何方?

孙中山说:"适乎世界之潮流,合乎人群之需要。"

崇尚实际,不骄不躁,即使不能以天下为己任,也应怀开阔之心,望天下之华,有自己的信仰,信仰如山,仰之弥高,钻之弥坚。以自身特长为中心,向四周扩散,总会找到自己的那朵信仰之花,以自己脚下的土地播种种子,终会收获用汗水浇灌的担当之花。雨果说:"我们的地位越高,我们的责任心就越重,升得越高,责任就越重。"而我想说:"身在何处,就该担当何物。"

2012年,杭州的一位长途客运司机,被迎面飞来的铁块砸碎前挡风玻璃致其重伤后,仍用一系列安全停车措施确保了车上旅客的安全,自己却因为伤势过重不幸去世,13年,济南客运司机宋阳,驾驶途中突发脑出血,昏迷前用尽自己最后的力量将车平稳地停在了应急车道上,而自己因抢救无效死亡。在平凡的岗位上,坚守自己的责任,他们的生命没有停止,而是载着担当,继续行驶。他们当得最美司机。有一位名医,因一句话,一担当便是60多年。

他在26岁获得博士学位,被留在慕尼黑大学附属医院工作,8个月后,他做了从医后的第一个手术,那是一个小小的阑尾炎手术,可四五天后,病人去世了,他很难过,尸体解剖证明,手术没问题,不是他的责任。然而他的导师说了一句话:"她是四个孩子的妈妈。这句话如同刀一般插入他的心中,留下了伤疤,影响着他日后60多年的外科医生的生涯,他60多年间真心对待病人,爱护病人,他在2001年获得全国"医德风范终生奖",他是裘法祖院士。当年的一句话,铸就了他的责任心,一个人有了责任心,就有了至高无上的灵魂,在别人心中就是高峻的山,不可逾越,不可移动。有了责任心,才敢于担当,细致踏实,实事求是,走向成功。

我们都知道,一中的校训"立志、崇实、担当"这六个字是一个人生,一个有梦想有灵魂的人生。

我们都是奔跑的人,我们现在都处在奔跑的开始。只要向着心中信仰奔跑,敢于担当,太阳总会从地平线上升起,总会照亮我们的生活。

听,尘埃中的我们破土而出,即将怒放!

不负年少

2021届高一（1）班　梁蕾蕊

尊敬的老师,亲爱的同学们:

大家好!

今天我演讲的主题是"不负年少"。

作为一名一中学子,我们每个人都知道我们都匀一中的校训是"立志,崇实,担当"。这六个字看似朴实无华,实则不然,它伴随着我们一中在历史的康庄大道上走了104年。今天,我们站在这里,站在一中的土地上,站在一中的光芒中,站在前人为我们筑起的高台上,我们不得不惊叹,也不得不质疑:这短短六字校训,是如何让我们一代又一代的一中学子勇立潮头呢?

我想先从立志说起。

步入高中,每一人都仿佛踏上了年轻的战场,这个战场上烽烟四起,尘土飞扬,多少人披荆斩棘,多少人挥洒热血,又有多少人,在这战场上迷失了方向?看着别人的名字挂在校园的红榜上,得意扬扬,而曾经优秀的自己一落千丈,看着别人总有足够的毅力并坚持不懈的努力,而自己却总是心烦气躁效率低下,我们不由得把这一切抱怨到命运的不公上,重要的原因:那就是志向的力量。梦想。梦想,梦想,我们从小到大诉说着梦想。小时候我们总在说长大后要当科学家、宇航员,课现在又有多少人在坚持着儿时的梦想呢?没有志向的人犹如航行中没有方向盘的船,看着别的船冲破风雨,驶向光明,自己却只能在原地打转,其中的痛苦与无奈,也是不言而喻的吧。

因为志向勾践卧薪尝胆,终于复兴越国;因为志向司马迁苦作十四年,终于完成《史记》,名垂千古;因为志向毛泽东艰苦抗战,让中华民族破茧重生。志向是我们前进永不枯竭的力量之源,而高中是我们人生中重要的十字路口,我们必须再次做出抉择,规划人生,让志向成为我们在战场上厮杀的武器,让我们在志向的引领下走向远方!

立下志向后,实事求是地去追求它,也就是崇实,我们不要只说不做,喊空口号,也不要狂妄自大,妄想一口气吃下一个大胖子,更不要半途而废,叹青春不易,没有一代人的青春是容易的,每一代有每一代的宿命、委屈、挣扎和奋斗,没有什么是可抱怨的,每一个追求者都渴望成功,然而,比成功更宝贵的,是追求本身,就让我们抱着一颗崇实的心,去享受追求梦的过程吧!

少年自由少年狂,心似骄阳万丈光,千难万当我去闯,今朝唯我少年郎,天高海阔万里长,华夏少年义气扬,发愤图强做栋梁,不负少年!

行道之人
2021届高一(4)班　徐锦瑞

生如逆旅单行道,哪有岁月可回头? 既在路上,何不远行。

都匀一中,百年名校。其校训:立志崇实担当,这三点既精辟,又有富含现实意义。

人生犹如大海中航行的船,没有方向,再努力也永远到不了目标。少有壮志而成大器的故事,诸君想来听过不少。周总理的:"为中华之崛起而读书",宗悫的"愿乘长风破万里浪"。曾国藩则少有"有民胞物与之量,有内圣外王之业,而后不恭于父母之所生,不愧为天地之完人"。儒家也有要求:"读书人为天地立心,为生民立命,为往圣继绝学,为万世开太平。"立志之重要性,不言而喻。

人生亦如深山中的跋涉,山在哪儿,不去攀登便永远到不了顶峰。崇实的实,是踏实也是真实。崇尚一步步去抵达人生的峰顶,也崇尚活出自我的风采。去做一个真正的人。

人生在世,每个人都是负重前行。担起重任,也当起责任。什么是有担当的人? 一个有担当的人会深刻意识到:"这个世界是我的世界,我必须积极进取,不能退缩观望。"他非常清楚,现在只是人类历史中的一段时间,我们只是整个人类过程——过去、现在、未来的一小部分。但是,他同时也会感到,这个时代正是我们能够完成其创造工作,并且对人类发展贡献一己之力的时代。

在这个世界真的有很多邪恶、困难、偏见和悲哀,但这是我们自己的时代,它的优点和缺点也是我们自己的优点和缺点。这是我们必须改造和推进的时代。

千里始足下,高山起微尘。

吾道亦如此,行之贵日新。

巍巍先师书院，赫赫一中学堂

2021届高一(4)班 王译芊荟

老师们，同学们：

大家好！

今天，我要演讲的题目是《巍巍先师书院，赫赫一中学堂》。

你瞧！松柏蓊郁，芝秀兰芳，在都匀东山北麓的重重绿荫之下，有一群人正行走于山间的景色中，登龙山四望，山河巍巍，云雾缭绕，众人为眼前的美景而赞叹。这时，有一位被所有人尊为师长的老人，大笔一挥，于石壁上写下"仁智之情，动情以理，栖此盘古，饮此泉水，大明嘉靖四十年，张翀书"。

"但将冷眼看螃蟹，看你横行到几时。"这是四百年前诅咒明朝大奸臣严嵩的诗句，严嵩二十年专政作恶，与其作对的人遭贬流亡或被害致死，无一幸免。公元1558年，以张翀为首的众官员上疏弹劾严嵩，老奸巨猾的严嵩上告到皇帝，而昏庸的嘉靖皇帝将张翀一行人打入大牢，并施其廷杖。行刑期间，几个大臣被打得昏死过去，张翀气急高呼："苏醒，苏醒！大丈夫临死，刚正之气不可衰妥而受人可怜！"最后，才华横溢的张翀谪居都匀，当地人敬仰他，向他请教学问，鹤楼书院便是在这样的背景下建成的。时过境迁，百年的岁月也在斗转星移间消逝，而鹤楼书院，也在一次次改名后成就了如今的都匀一中。

现在，以"立志、崇实、担当"为校训的都匀一中，早已成为了优秀学子的摇篮，正如"立志"所言，所有新生都要在开学前立下自己的志愿，并为志而奋斗。对于一中的学生来说，鸡鸣而舞，日出而作，款款晨操，声声早读，寒来暑往，日琢夜磨便是人生的意义。生命中，最快乐的是拼搏，而非成功；生命中，最痛苦的是懒散，而非失败。

作为一中的学子，我们不仅立下了宏伟的志向，还具有崇高的实干精神。班上的同学都是刻苦努力的学霸，即使是在星期天的黄金七小时，也有不少的同学自发地到教室自习，山高不厌攀，水深不厌潜，学精不厌苦。一中的老师为了学生，可以不回家陪伴家人；为了赶公交车，可以五点起床；为了备课，可以奋战到凌晨，恩师传道，笃学弘毅，拧成一股绳，搏尽一份力，狠下一条心，共圆一个梦！

古有张骈斗严嵩,今有学子们创下的一个个辉煌成绩。前者,是为国而担当;后者,是为学校而担当。高考成绩骄人,竞赛成果令人振奋,这份担当,成就了自己,更报答了学校。都匀一中学生委员会,由无私负责的一中学子组成,他们处理着学校大大小小的事务,在各种校园活动中奉献了一分力量,这同样源于为学校的一份担当。

还记得去年的一场大雪,阻挡了部分同学回家的方向,在被雪覆盖的严寒中,一封温暖的感谢信让大雪纷飞变成了春意融融。不论我们在黑暗中遇到了什么,太阳尚远,但必有太阳,正是这份感动,才给了人坚强下去的勇气。

作为黔南州第一所省级示范高中,都匀一中经历了时间的磨炼,经历了旧址迁新,经历了冬的严寒,经历了夏的酷暑。创立书院的先师教我们回望历史,而赫赫一中则教会我们成长。因此,我们要将"立志、崇实、担当"的校训精神发扬光大,成就自己的辉煌!

一撇又一捺

2021届高一(1)班　姜雨希

首先,我想问大家一个问题:大家认为学校是学什么? 学语文吗,学数学吗,学英语吗? 学政史地物化生吗? 我觉得都不是,我觉得是学做人。有人会说:"做人有什么难的? 一撇一捺不就是一个人吗?"是啊,人呐,写着简单,真要做好来,真不简单。李大钊说过:"青年者,人生之王,人生之春,人生之华也。"那么,作为社会青年的我们又怎么做好一个人呢?

一个人,得有自己的志向,没有志向地过完一生,便是虚度。雨果说过:"谁虚度年华,青春就要褪色,生命就抛弃他们。"所以我认为"人"字的第一画——一撇代表着立志。如果把我们的一生比作匀速圆周运动,那么志向就是圆心,我们运动的方向时时刻刻指向圆心,如果没了圆心,也就没了运动的方向。最后的下场,好一点也许是平抛运动,还有个落脚点。差一点就可能是斜抛运动,跌宕起伏,不知道何时升,何时落。有人会说:"没有志向多好,若有了志向达不到,到头来还会失望。"是啊,如果我不立志今天要站在这里演讲,一会我也许就不会失望；傅园慧如果不立志要当奥运冠军，她能把洪荒之力用在别处说不定她会成为一个不错的喜剧演员；如果那天王国权老师不让那位年级四百多名的学长立下考进清华的志向，六月份时也不会失望。但是，如果郎平不立志要再领中国女排拿下世界冠军，2016年8月又怎会有数亿中国人为这次迟到八年的胜利欢呼雀跃；如果我们不立志在羽毛球比赛中拿下好名次，我们又怎会在这么短的时间内知道大家有多团结，大家有多可爱。所以，我没有理由不相信傅园慧总有一天能站上奥运最高领奖台，我有一天能站上更大的舞台做更好的演讲，那个学长总有一天能实现人生最高理想。如果不立志，连那一天都等不来，连如果都不配拥有。立志者，为学之心也；为学者，立志之事也。所以，要做好一个人，首先得立志。

　　想必大家都听过龟兔赛跑的故事吧，关键词无非就是不要自负、不要小瞧弱者、努力就能成功等等大家已经烂熟于心的人生哲理。而我的关键词是崇实。汉代的王充在《论衡定贤》中说："文丽而务巨，言眇而趋深，然而不能处定是非，辩然否之实，虽文如锦绣，深如河汉，民不觉知是非之分，无益於弥为崇实之化。"意思是：内容和形式相比，内容往往起着重要的、决定性的作用。若不顾及内容，一味追求形式美，则无论其辞藻如何优美，皆是不可取的。一个人若不能脚踏实地恐怕有一天将步步为营、寸步难行，那有怎么能做好一个人呢？倘若乌龟有一颗上进的心，觉得自己能跑得比麋鹿快，当它发现自己只不过是一只乌龟时，又怎能不沮丧？所以，我们不能做好高骛远得人。习主席说过：山再高，往上攀就能登顶；路再远，走下去总能到达。当我们能做一个崇实的人时，一定能看到山顶的风景。

　　"守好一段渠，种好责任田。"这是今年两会上一位思政课老师对于习主席提出的要搞好学生思想工作这一观点的发言。我们政治课上都学过权利和义务是密不可分的。作为农民就要耐心浇灌，辛勤耕耘。作为医生。就要将患者的生命放在高于一切的位置。这就是对守好一段渠，种好责任田的诠释。人字有了一撇一捺，若站不直，也是无法成人的。所以我认为，就是做一个正直的人的必要条件。包容一切并对其负责，就是担当。跟大家分享一个故事吧。一天晚自习下后，我和几位同学一起送班上一位脚受伤的同学回寝室，走到高一天桥那时,一个保洁阿姨骑着小三轮朝我们开来,问我们需不需要帮忙。我们连声道谢后就把同学扶上了车,我蹲在车后。我跟阿姨说请她送到二食堂楼下就行了,我们可以背同学上楼,她说好。但到了二食堂楼下时,阿姨没有停下来,而是继续往前开。便跟我说'没事的,我不着急,能送你们近点就近点'。于是阿姨将我们送到寝室楼门口。我再见阿姨是在停车场垃圾站,阿姨正费力地将垃圾搬上车。我这才知道那天我们坐的车是阿姨装垃圾的车,而且那时她还没有下班,等我们到了,她还要回停车场一个人将垃圾搬上车运走,原来她说不着急,不是真的不着急。尽管那天的风很大,但我从未感觉过如此强烈的温暖。保洁阿姨我是我们大部分人从不在意的人群,他们就像一粒尘埃,飘下空中还是落在地上都无伤大雅。但他们也最善良、最朴实、最有担当。他们的行为影响了,甚至鼓舞了身边的很多很多人。尽管只是一粒尘埃,但他们飘在空中时,太阳也眷顾他们,给予他们光和热;他们落在地上时,叶子也为他们遮风挡雨。有容乃大,无欲则刚。当我们能但当时,便不枉已写好的一撇一捺,做一个正直的人了。

梁启超说过:"养足你的根本智慧,体验出你的人格人生观,保护好你的自由意志,你成不成人,就看这几年了。"愿大家都能在最好的花期里绽放出最美的姿态,写好这一撇一捺,做一个立志、崇实、担当的人。

担当之花,灼灼其华

2021届高一(1)班　张诚义

责任不是一个甜美的字眼,它仅有的是岩石般的冷峻。一个人真正地成为社会的一分子的时候,责任作为一份成年的礼物不知不觉地卸落在他的肩上。它是一个你时时不得不付出一切去呵护的孩子,而它给予你的,往往只是灵魂和肉体上感到的痛苦。这样的一个重担,我们为什么要担当呢?因为担当使人生之花灼灼其华。

担当是可贵的,屠呦呦于1969年受命于领衔抗疟疾中药的研究,她深感责任重大,决心不辱使命,努力拼搏,尽全力完成任务。在历时45个春秋后,

84岁高龄的她发现青蒿素，获得诺贝尔生理学或医学奖。这一医学发现让千百万人从疟疾的折磨中重新站起来了。正是她懂得担当，所以她年复一年，恪尽职守，正是她敢担当，才会呕心沥血废寝忘食地工作。最后不辱使命，不负众托。

担当是感人的，一位扎根大地的科学家，为收集稀少植物种子，16年来回奔波在西藏雪域高原，那是离太阳最近的地方，同时也是最艰苦的地方，高强度的工作量已经让他的身体透支，突如其来的脑出血险些让他丧命，但刚从抢救线上恢复过来的他又立马回到了工作岗位上，只为不忘初心，敢于担当，他把论文写满高原，当一场车祸突然让他从岗位上倒下时，双肩包里藏着他的初心，誓言和未了的心愿。他就是钟扬，一位让担当之花绽放在高山砾石之间的科学家。

担当也是伟大的。万米高空的一家民航空机上，挡风玻璃突然爆炸脱落，仪表突然失灵，在这千钧一发之时，牵系着119名旅客安全的一刻，刘传建这位英雄机长带领机组成员，忍着零下十几度的低温，临危不乱，正确处置，把所有乘客挽救于死神之手，他说，"乘客的心悬得越高，我的责任越重，他们问我在万米高空的险情中，为何如此从容，我当时也没有多想，只因为我是机长，让乘客安全着陆是我应担的责任。"这朴实的话语中透露着每一个传奇的背后，都隐藏着责任的坚守和伟大的担当。

其实，担当并不是惊天动地，拯救世界，只要我们勇于担起责任，少年当自强，从小事做起，就能让我们的人生之花，灼灼其华。

居灵兰斗室 论天下大事

2006届高三(15)班 殷立飞

高二分班时,由于懵懂无知再加上隔壁班某些同学的鼓动,怀揣着对现实世界的批判和一颗文艺的心,我毅然选择了那个被视为"能考高分"的文科。同时,几个比我更懵懂的兄弟也被我忽悠,投向了文科的怀抱。那时的班主任是胡昌兰老师,胡老师的个子虽不高,但气势不凡,每每朗诵或者和我讲道理时,都会让人有一种从瞌睡状态苏醒的感觉。也许这是一种人文的力量吧。

开学之后,胡老师就命一干人等(其中也有我)去学校外的文印室,彩打了十个大字,贴在班上的墙后,这十个大字是"居灵兰斗室,论天下大事"。离开一中已九年,现在回想起来,置身其中,所享受的那种快感,真不亚于《琅琊榜》中的梅长苏。江左盟宗主梅长苏,虽弱不禁风,却能在庭院小阁之中,坐论天下大事,掀弄京师风云。对一个手无缚鸡之力的读书人而言,能有如此境界,不失为一种至高至极的理想状态。不管是瞎说白扯,还是初生牛犊也罢,当时的我们在那个斗大的教室里,能够放心大胆地讨论天下大事,实在很快活。再看看周遭这般忙碌不堪的现实世界,那时才是人生最美的"乌托邦"。

在这个灵兰斗室内,我们论天下大事,聊文学、聊历史、聊政治、聊法律。当然,作为正在发育的我们,也会时不时聊聊异性。就在这样的氛围当中,我们度过了最为美好的高中,这为我这么些年开展学术研究和新闻业务,练就了一身"童子功"。当时没感觉,随着书越读越多,学位不断进阶后,才猛然发现,"童子功"真的相当重要。

有句话说得好,人生就像一场戏。但是,要把戏演好,就需要一个舞台。当时在这个班上,就有这么一个舞台,时间就定在下午第一节课后的读报时间。那时的我们，都爱看书，也爱卖弄新鲜人名打量所学到的知识，恨不得将刚听到的尼采、黑格尔、周国平等人名打量一遍。与其让我们这些"民间学者"在私下嘀咕，还不如给我们造一个舞台。所以那时的班上就兴起了读报时间讲学的风气，胡老师就会让我们每个愿意讲授的人，在我这个学习委员这里登记一下，然后安排时间去讲。我记得，第一次大家都有点害羞，所以我当仁不让地成了第一次"主讲嘉宾"。

我从小酷爱历史，五年级开始就有蹲在厕所里看书的毛病，那时就爱看《辞海》历史分册，基于自己的这点知识沉淀，所以当时讲的题目叫作《中国宰辅制度沿革》。现在想起来，真是脸红，这么大一个题目，写一篇博士论文都绰绰有余，可我当时却想在二十分钟的读报时间讲清楚。为了做好功课，我逃掉晚自习，到当时比较火的文艺青年聚居地西西弗书店泡了几晚，准备迎来灵兰斗室中的第一个舞台，好像就从春秋时期的令尹讲到明清时期的大学士，主要的核心观点，现在也忘了，但从同学们的眼神中，还是有点不明觉厉的感觉，可能小伙伴也没咋听懂，好像都有种"惊呆"了的感觉。

在此之后，有很多同学都走上了讲台。有个同学叫黎应吉，上台讲了三角函数的一种特殊解法，好像还在《黔南教育学院学报》上发了一篇教学文章，当时大家都觉得他应该可以成为华罗庚、陈景润那样的人，但后来他到了贵阳二中当了英语老师，据说也是名师一枚。还有一个同学叫刘旭，当时在台上给大家讲了一段民国知识分子们的往事，他儒雅的气质吸引了好多慕名到他桌边探讨学问的班花们，后来我们这位才子也成了一名英语老师，很受学生们的欢迎。还有一位，叫罗晓雷，讲了一些文学知识，讲得很搞笑，用现在时髦的话来说，就是猴子派来的"逗逼"，后来成了一名光荣的消防员。还有一位，叫梁舰文，最爱美学哲学，出口必是尼采、周国平，这个文艺才子成了一名铁肩担道义的律师。另外还有一位同学叫方基礼，担任班上的数学课代表，经常在读报时时辅导辅导大家的数学大业，最后成了一名武警军官。另外，就是要说说我们的班长王鹏，他语文特别好，在读报时间给大家讲过作文的诀窍,最后他搞起了房地产开发,当了老板。在这个斗室,当时作者65位同学,他们现在都在各自的岗位上,据说在各行各业中都还干得不错。我想,和当年积累的那种人文精神和诗意情怀是分不开的。

现在,离开那里已经有近十个年头,如果说是什么让我们现在还依然有着很强的干劲,估计就是那时攒下的情怀。尽管,那时一中的操场下正在建设环城路的隧道,在这个灵兰斗室内,没有丝竹乱耳,只有嘈杂的机械作业声,但却丝毫没影响大家讨论天下大事的热情,尽管,无论是当时还是现在,我等都是些"屁民",讨论着一些和自己没有什么相关的大事。实践也证明了,当时讨论的那些东西和后来的职业没有多大的关系,仅仅是满足了自己的一点点求知欲。但是就是在这样的氛围中,我们理解了什么是生命应该去追寻的东西,呈现出了最真实的自己,获得了自信。这也许才是在都匀一中110年校庆之际,我们应该回头去寻找的价值。就像一中后山上那顶大钟,屹立山巅,时而响起。在此,我要感谢那些曾经给了我们很多指导和信念的老师们,他们分别是班主任兼语文老师胡昌兰、英语老师杨明乾、数学老师郭光钱、历史老师张剑、政治老师杨红梅、地理老师索良勇。祝各位老师工作顺利、阖家幸福。预祝都匀一中110周年校庆庆典圆满成功,祝都匀一中的明天更加辉煌。

点评:这是2015年学校110周年校庆,殷立飞写给学校的文章。

殷立飞,笔名黔之笔、应默然等,是我2006届年文科班的学习委员。高中毕业后考入暨南大学历史系就读本科,2011年继续在暨南大学新闻系攻读硕士学位。毕业后,相继担任广东文艺职业学院教研室主任,深圳特区报社新闻评论员等职。现为中共广东省委《南方》杂志社主笔,并在暨南大学新闻与传播学院攻读博士学位,从事有关新闻传播史论的研究工作。

殷立飞中学时的梦想是30岁前登上"百家讲坛",现在正以一个有为新闻工作者的身份服务贡献于社会,那一间灵兰斗室,该是他梦想起航的地方吧!

悠然南山

——胡昌兰老师访谈录

　　2015年元旦过后，2017届高一（1）班的同学们开始筹划着创办一本刊物，这也是我每带一届学生都要照例做的事情，高一（1）班的同学给刊物取名《流火》，同学们决计采访每一位科任老师，让老师们一起见证与分享他们成长的思考与困惑，于是有了以下这段由语文科代表刘昱旻带队的采访。

　　问：您是个热爱生活的人吗？

　　答：我觉得热不热爱生活，不是口头上说了算，关键是看你在生命的这个时段里面去做什么事情。一个人是什么样的人，是通过他做什么样的事情体现出来的。首先我认真地对待我的工作，珍惜我的家人，真心地对待每一个学生，我和每一届学生相处都会留下美好的记忆，我每一天都不停地在做喜欢的事。我不是口头上热爱生活，而是每一天都安排得井然有序，从这点上说我觉得我是个充实的人，至少我以这样的心情对待生活。我热爱生活，但是作为一个真实的人，对生活有抱怨很正常，但我现在不抱怨也不发牢骚，在内心里总认为这些不如意都是一个个休止符，都是为了更好地往前走，所以我觉得我算是一个热爱生活的人。

问：您曾经对未来生活有过想象吗？是什么样的？

答：在你们这个年龄的时候，我特别喜欢哲学，所以我和政治老师关系特别好，她是南开大学毕业的一个女老师，那时候我的梦想就是想要学法律。我毕业的时候，学校推荐保送我上中央民大的法律系，你们能感受到我的个性挺好强，眼里容不得沙子，看见非正义的就想要用法律去捍卫正义，生活中是非曲直分得特别清楚。但是后来由于这样那样的原因，没去上法律系，读了师范当了老师。当老师后，高中同学会上大家都说我给他们留下的印象都是特别正经的。我对学生要求严格，不管何时在学生面前都是严格的。都觉得我给他们印象特别正统。我想象的生活应该黑是黑、白是白，黑白分明。但是真正走入生活之后，我发现生活中还有很多灰色地带，这个灰色地带没那么黑暗也没那么纯净，但它是种最真实的状态，我们称之为黑白的边缘地带。从前我觉得生活要黑白分明，但现在我觉得这灰色地带也很迷人，因为它很真实。在这里面人性也流露了出最真实的一面。如果一个人永远是一颗红心，你会觉得这个人特别假。四十而不惑，我现在会想到生活中很多东西可能它并不是很美，甚至真实得让你难受，但这才是生活最本真的东西。所以说真善美，为什么美在真和善的后面？因为它真实，因为它善意地对待一切，所以它美！而不是它美才真、才善。我们学校有个数学老师常说：不是社会太复杂，而是我们头脑太简单。以前我总想交会学生黑白分明，但现在我必须要让我的学生学会示弱、学会妥协、学会转弯。我牢记一句话：刚者易逝，柔者长存。太刚烈反而容易折断，容易丧失，所以人要学会这种阴阳协调，既要柔和又要刚性。你要学会和生活相融，否则容易受伤。棱角特别分明的人容易受伤，他达不到想要的生活。所以我觉得还是刚柔兼济，才能使生活更好。

问：您常说内心抓狂的人永远不会幸福，您觉得内心安宁才是幸福的真谛吗？在这个社会浮躁的大环境中怎样才能做到内心安宁？

答：我觉得大喜大悲不是生活的常态，当然大喜大悲是一种激情。但一个人总是处在激情中，是要疯狂的，是会崩溃的！什么叫内心宁静？宁静不是波澜不惊,而是你找到一个儒家所讲究的中庸状态,一个折中的道义。中庸就是不要超过那个界限或达不到那个界限,而是一种恰恰好,很平和的状态。我经得起大喜我也经得起大悲,我承受了高潮我也能承受得了低谷,我找到一种方法来调和自己,这才是生命最真实最美好的状态,这时你才能感受得到来自成功的喜悦和来自战胜失败的坚强,这时的人生是最充实最幸福的。

怎么才能保持内心的宁静呢? 还是阅历,阅是阅读,读书;历是经历。只有你经历了些事情后才敢说:我对这个事情宠辱不惊。所以我觉得生活会教给你很多东西。比如你不得不低头、你不得不鼓励自己擦干眼泪继续往前走。这都是必须要去面对的。所以心里的宁静不是委曲求全,也不是睁一只眼闭一只眼,更不是逃避现实,而是要以一种智者的姿态,读万卷书,行万里路。事情见多了,心里才有数。才不会那么抓狂,不会那么急躁! 冲动是魔鬼,因为一冲动你就会失去最佳状态,就会失真。很多事情你会后悔,为什么? 像今早在课堂上,说到父母,我们会后悔,特别是我们在他们老去的时候,不再健康的时候,然而这些都是因为我们太年轻,没有阅历,但是当你经历过这些事情后就能很平和地对待了。

问:陶渊明等魏晋名士的悠然简傲和曾国藩等名人的人情练达,轻狂或隐忍,您更欣赏哪一种生活态度,为什么?

答:我觉得政治清明的时候入世就是兼济天下,像我们现在赶上了这个时代,就是实现自己个人价值最好的时代。民主、平等、科学、发达,前所未有。此时就应该积极投入社会去做事,所以我觉得政治清明的时候入世。那么如果社会处在混乱的时候,很动荡的时候,而你根本无法改变这一切,这时候你该怎么办呢? 首先你不能同流合污,其次你要外圆内方,要去协调这个社会。因为你还要生存下去,但你必须要有自己的原则。这个时候不妨所谓的出世,也就是独善其身。所以还是那句话:达则兼济天下,穷则独善其身。政治清明的时候我愿意为这个社会效力。以一中为例,一中现在赶上一个新的发展时期,所以我们都努力奉献自己的力量去建设、去发展。

问：张爱玲曾经说过：不卑不亢，从容优雅，面对一切。您认为生活的优雅风度是怎样的？浮世中的名人，你最欣赏哪一位的生活风度？

答：不卑不亢，我最欣赏这四个字。每一次高三学生毕业，要走上大学、走上社会的时候，他们会有一种恐惧和忐忑，他们会问："胡老师，我到大学里面去，六七个人一个寝室，万一处不来怎么办呢？人家瞧不起贵州人怎么办呢？人家说我是农村的我怎么办呢？"我出外去读书比较早，高中就远赴北京求学。所以总结自己的经历后我特别喜欢这四个字，不卑不亢：既不卑微卑下，失去自己的原则讨好别人，也不高傲。实际上就是从容有度。所以我觉得不卑不亢是一个人待人接物最佳的底线和原则。第二点，你说到优雅。张爱玲的优雅可能还带有小资情调，而且带有一种自我意识。我觉得一个人在不同场合的优雅是不一样的，比如说，比如说，在一个矛盾丛生的环境中，我很大度，这时一种优雅；而在平常生活中，举止端庄，这也不失为一种优雅。但是优雅如果放在一个人的生命历程中来看，就是做自己的主人，当自己的王。你只有对自己的每一步都有决定权，才能优雅，否则，要么悲，要么亢（笑），有一句话说得好：挣钱不是本分。确实一种尊严的保证你要能够做你命运的主人，你有支配权，你不看别人脸色行事，你才能保住自尊。那么，作为一个女性来讲，要优雅，首先我觉得，第一她要会判断，她自己要有判断，不能什么都没有主见。第二还要有思想，思想和判断互为因果的，有思想，才有判断，什么时候你能够决定自己，显得从容淡定，我觉得这是最佳的优雅。优雅不是做出来的，它是一种自内而外的气质，装出来的，叫搔首弄姿！一个人，他的学识、修养、谈吐，这才是他真正优雅的地方。

优雅是一种境界，而不卑不亢是一种底线。从当代来讲，我为什么推荐你们去读毕淑敏的散文，读周国平的散文，我觉得他们是当代优雅的人，为何我欣赏他们，因为我觉得他们厚重。周国平，就是中国社科院的一个研究员，但只要他一说出话，你就觉得他阅历太深，他很优雅；毕淑敏，本来是一个医生,后来是一个作家,她对生命的感悟,就是对生命一种自内而外的优雅。而张爱玲她生活在20世纪30年代的上海,受她所特有情感经历和时代氛围影响,她那种优雅,让人感觉到她有点另类,她也是活出自我的优雅。我这种年龄的人,可能比较欣赏毕淑敏的生活状态。像于丹,我就觉得她锋芒太露了一点,实际上我年轻的时候性格很急的,说话很快的,动不动就生气发火,但我觉得我现在就从容了,对于我来说,这就是成长,这就是优雅!

问:有什么生活经验分享给我们吗?

答:如果从你们这个年龄来讲的话,还是那句话:"有梦的女孩子,最充实,为梦想而奋斗的青春,最靓丽"!现在这个时代,不乏想吃青春饭的女孩子,不乏想要一夜走红,想要一夜暴富的女孩子,但在追求这种短期的效应以后呢,她的路反而不长。你们选择了求学之路,实际上就是想做一个知性的女孩子,做一个知性女人,那么在这个阶段,就要沉下去,读书,思考,做学问,这比什么都重要,时间转瞬即逝,高中三年大学四年,快得很,出来以后找工作成家立业,一转眼你就四十多岁了,之后就退休了,人生之快,猝不及防!所以我觉得,在你们这个年龄,就是学习,咬紧牙关,沉下去,要享受这个过程。回过头来想一想,只有高中这个阶段,才是真正幸福的,因为它特别单纯,就是读书。

所以人们常问:什么是最铁的关系?今天我还在高三说过这个问题,一是一起扛过枪的,出生入死的,关系最铁。二是一起下过乡的,知青,那种感情简直没法说。第三是一起同过窗的,就是同学。事实上,同学就是以后你一辈子最大的人脉资源。既然我们没有一起扛过枪,一起下过乡,那么我们就要珍惜一起同过窗的,可能现在太忙,顾及不了那么多,但只要高中三年在一起学习的,以后无论多少年过去了,同学会的时候,人和人之间的那份亲热,真的,无法说!那是最铁的关系,所以我们要珍惜这最单纯,最纯净的关系。享受每一天的学习生活,现在还有这么多老师,在第一时间关心你的成长,读了大学去考研,没有人管你的时候,你才感觉到无助,现在有这么多同窗好友,在陪自己,去实现理想,这才真的是最幸福的事情,所以我希望你们珍惜这段时光!

问:您认为生活中不可或缺的部分是什么?

答:首先,生活中最不可或缺的,我觉得是爱和善良。如果没有爱,人和人之间就不能产生包容理解,大家说的话都不真,那这个世界就太可怕了。所以人和人之间,有情有义,是最不可或缺的,如果都变得冷漠,那在这个世界上都没有什么可留恋了。其次是人发自内心的善良,它会感动我们,包括一种陌生人的善良,很多公益广告也好,我们走在路上也好,那些小小的善意,都会带来特别持久的感动。

问:您在生活中听歌吗,您觉得那首歌最适合表达当下的生活?

答:我一点都跟不上潮流,我最喜欢的歌还是我读书时候的歌,那时候条件没有这么好,听的歌也非常有限《我是一匹来自北方的狼》,还有高中毕业回家路上听的《大约在冬季》,现在的摇滚,我接受不了,但是,我不排斥,我可能不认可,但是我尊重,我听那些来自普通人感悟的歌曲,特别动容,《时间都去哪了》,一口气听了好多遍,听得我自己都流泪了,而且我这个年龄,特别敏感,特别脆弱,现在看一个学生写一个句子特别感人的时候,我会流泪,以前都不可能的,所以一个人到了一个年龄,她的心会变得特别柔和,到了这种年龄你就会转变。

问:那么电影作品呢?

答:我们去电影院看电影的机会很少,但这次我去看《归来》,就比较感动,电影我还是比较喜欢反映六七十年代生活的,那些对我影响非常大,我就喜欢带有我年轻时代痕迹的,我觉得特别厚重。现在这些电影电视,就缺乏一种原创力。张艺谋的电影,排除一些引起争议的东西,我觉得他把生活中最本质的东西拍出来了,他的电影,不一定是光线耀眼的、流光溢彩的，但我觉得他就是特别真实的。你们前段时间关注的《何以笙箫默》《来自星星的你》，老师看了也很喜欢。我就觉得，有些电影啊，看过你就忘了。对我来说表现"文革"的电影，就特别触动人。如果说人生要读一本打底的书，我觉得我真正学会思考，就是看了《中国知青梦》之后，那一代人的人生经历，教我学会了思考！

问：那么你对现在人的小资、蜗居、宅等生活状况，有什么独特看法呢？

答：首先我觉得我们每一个人有选择自己生活权利，不便去干涉或评价，我尊重每一个人对自己生活选择的自由，但我总觉得还有些遗憾。比如说"宅"，是宅在自己的圈子里面，一个人。如果心灵不拿到自然当中去，不拿到阳光下面去晒，是很容易发霉的。一个人如果很少亲近自然，就会缺少一份豁达，一份包容；一个人如果缺少一份包容，即便你坐在电脑前面，在无限的虚拟空间里，你叫骂、吐槽，也弥补不了自然带来的思考。一个人，就应该到大自然当中去，你要像大自然里每一根草，每一朵花一样，自由地成长，这是我最欣赏的状态。所以对年轻人，对学生，我希望他们阳光一点，豁达一点。我对现在这些孩子感到遗憾，觉得他离自然太远了，所以很多时候太自我，不会主动为别人着想，也不太分得清真相，被舆论牵着鼻子走，失去判断力。所以我还是主张，一个人，不管从哪里来，最终还是要回到泥土当中去，我觉得，来自泥土的芬芳气息，是最自然的，最本真的。

问：那么您会把事业带入生活中吗？在生活中和在学校有什么区别呢？您是觉得事业就是生活，还是生活和事业应该清楚分开？

答：在四十岁之前，我觉得我的工作和生活分得不太开，那时候我回家和家人说话就像教育学生一样，会把学校和学生的东西带到家里面去，会影响家人的情绪，第一次带高三，学生毕业的时候我会一两个月不上街，非常紧张。那时候我家里面的人都会跟着我紧张，压力特别大。那时候真是一个特别忘我的全身心投入的人，当然从某些方面来讲是好事，但想一想，我22岁工作，55岁退休，这三十几年，是构成我生命的每一天，我是不是也要享受生活的每一天,让它起码有点价值和意义? 所以到了四十岁,经历了一些家人的离去,自己身体的一些变化,会觉得,还是应该有自己的生活。如果一个人不能处理好自己生活,那他就不能科学地、艺术地来处理自己的教学,所以我觉得现在我上语文课,会不拘泥于课本,会适当分享我的人生感悟。多少年以后,这些学生走上工作后会发现"胡老师曾经提醒我注意这些问题",所以现在我是用阅历给学生上语文课的,我自己也很享受这个过程,当然这些东西也不是短期考试看得出来的,但我坚信他会对学生产生终生的影响。所以我觉得工作、生活、教学它本质上是相互补充的,工作当中我虽然还是全力以赴,但生活中还是要显得稍微随意一点,经常徒步啊、骑自行车啊,都是活得很真实的。这两者之间,我可以很坦然地说,工作和学习是可以不完全重合的,是两片不一样的树叶。

问:现在有很多人因为生活上的问题而选择放弃生命,那么您觉得,生活和生命间的关联是什么? 生活的意义在于什么呢?

答:有一个西方的哲学家叫海德尔,他有一个"向死而生"的理论。即每个人每一天都是面向死亡而活着,一个人不知道什么是死,就不知道什么生。那么什么是死呢? 用史铁生的话来说:死是必然会降临的节日! 人总是要死的,对不对? 所以每一天,你都是面向死亡的活着,都是在迈向坟墓,过一天你向坟墓就迈进了一步,这好像很悲观,但生命本身就是充满了悲剧色彩的! 因此每一天都特别真实,特别值得珍惜。高兴也是一天,不高兴也是一天,与其哭哭啼啼地过一天,还不如高高兴兴地过好每一天!

我们所处的这个时代,生存是不成问题的,每个人都可以通过各种途径来满足生物生存的条件,但生存和生活是两码事,吃饱穿暖了,就要有生活追求。生活追求就是不能单靠吃米活着,还要有些精神上的东西。只要你觉得精神丰盈,这便是最好的!

　　问:就到我们采访的最后了,请您送给大家一句话,让我们的生活更加赏心悦目。

　　答:好,我希望我们2017届高一(1)班的同学健康快乐。什么是健康? 身体健康和心理健康。什么是快乐? 简单就是快乐。就是活得简单一点,单纯一点,有的时候我们不快乐就是因为我们想要的大多,有了这个还想要那个,你就不快乐。

写在后面的话
我幸福,因为我是一名语文教师

　　周国平在其《幸福的悖论》一文中说:"把幸福作为研究课题是一件冒险的事情,'幸福'一词的意义过于含混,几乎所有人都把自己向往而不可得的境界称作'幸福'。"我无意把幸福作为研究课题,可是我要说:作为一名高中语文教师,我是幸福的!

　　生活不简单,我的幸福很简单!

　　1992年7月,我从贵州师范大学中文系毕业,分配到都匀一中,当上了一名高中语文教师,到今年,已经是第27个年头了。

　　27年,太长! 27年,又太短!

　　回想高中毕业那年,我原本接受了学校(中央民大附中)保送中央民大法律系的推荐,因为在我从小接受的家庭教育中,正直是做人的准则,公平、正义是对社会的期许。可是,后来我被贵州师范大学中文系录取了,这其中发生了很多事,给初入社会的我上了深刻的一课。原本心不甘,可父亲的离世,决定了我必须首先考虑生存问题。好在那个时代的人基本上都是"干一行,爱一行",所以我也是抱着"既然无法改变,那就接受"的想法走进了我的大学校园。我的四年大学生活,最庆幸的是遇到了班主任顾久老师,是他每个星期到宿舍检查我们的阅读借书卡登记情况,是他的训诂学让我们领略了中国文字的魅力,是他渊博的古文化知识让我们痴迷,是他的内敛与独立人格让我们懂得读书人应该怎样让自己的内心走向丰盈,怎样去丰富自己的人生。于是我读鲁迅、读卡耐基、读沈从文、读黑格尔、读王国维……应该说，好多为我人生打底的书就是在这个时候读的。我不敢说我是班上读书最多的人，但我坚信，是阅读帮我化解了人生的失落，化解了生活的艰辛；是阅读让我能从容面对纷扰的社会和真实的人性；更重要的是，我还能在内心寻到一个自由的自己！

大学毕业了，原本凭借系上第三名的总成绩，似乎也是可以留校的。可是，又是各种不能靠自己能力可以改变的因素，最终在系里老师的推荐和我初中语文老师罗万雄老师的帮助下来到了都匀一中，当上了一名中学语文老师。

从初入职的志忑，到一步步站稳讲台，到逐渐形成自己的教学风格，从一门心思想让自己的学生学业成绩位居前列，到关注并享受和学生一起学习语文的点滴快乐，从一轮轮的陪伴到和学生成为终身知心伙伴，从给予学生的心灵关怀到接受学生的情意反馈，从学生当初的一声声"兰姐"到今天的一声声"胡妈"，一转眼，竟然已近30年！这些年，好充实，充实到似乎一年就是一月；这些年，恍然发觉，当一名语文教师似乎是我命中注定的因缘。既然如此，我便如同珍惜自己的生命一样，珍视我的职业。因为，那也是构成我生命的每一天啊！

我很骄傲地说，我一直很努力！我认为老师最大的遗憾就是学生的遗憾与我有关，为了减少遗憾，每一次变革的来临，每一个新形势的出现，我都能坦然面对，通过学习与思考，从容谋划，寻到方向。

爱我所爱，行我所行，能在学生们的青春记忆中存留对成长的包容与尊重，关爱与美好，能和一群志同道合的人一起，看着孩子们不断地成长而心安理得地老去。这，就是一种幸福，一种简单而深远的幸福！

世事纷扰，可是我的内心很宁静，很自由。

我固执地认为，一个内心抓狂的人是体会不到幸福的。大悲大喜不是生活的常态，大悲，会"死"；大喜，会"疯"。我不羡慕那些"搞到事"的人，我坚信，获得崇高感，这才是人生最高的奖赏。我很庆幸自己作为一名语文教师,既可以在工作中享受文字带来的愉悦,又可以在与学生的心灵对话中寻到教育和人生的意义与价值,更重要的是,我可以在语文的领空下永葆我生命的尊严与思想的自由。不跪着教书,不用看人眼色行事,不用说言不由衷的话。我,是我的精神之王,每天都能像一个真正的人一样,行走在生命之原野上,而后从容,优雅地做我的"苍谷幽兰"!

一路走来,我很幸福!

感恩每一个孩子的成长与陪伴,成就了我的芬芳岁月!